Lucas Osiander

**Abfertigung der untreuen Gegenwarnung, etlicher unreiner Prediger der Calvinischen Lehre zu Heidelberg**

Lucas Osiander

**Abfertigung der untreuen Gegenwarnung, etlicher unreiner Prediger der Calvinischen Lehre zu Heidelberg**

ISBN/EAN: 9783743603455

Hergestellt in Europa, USA, Kanada, Australien, Japan

Cover: Foto ©ninafisch / pixelio.de

Weitere Bücher finden Sie auf **www.hansebooks.com**

# Abfertigung/

Der vntrewen Gegenwarnung/ettlicher vnreiner Prediger der Caluinischen Lehr/ zu Heidelberg.

Darinnen erwisen würdt/ daß sich selbige Caluinische Prediger/ jrer falschen Lehr selbs schemen: vnd doch selbige (mit einmischung viler greifflichen Vnwarheitten vnd Calumnien) in die Churfürstliche Pfaltz widerumb (als ein schädlich gifftig Vnkraut) einzupflantzen/ hefftig bemühen.

## Lucas Osiander D.

### Tit. 3.

Einen Ketzerischen Menschen meide/ wann er einmal vnd abermal ermanet ist/ Vnd wisse/ daß ein solcher verkehrt ist/ vnd sündiget/ als der sich selbst verurtheilt hat.

Getruckt zu Tübingen/ bey Georgen Gruppenbach/ 1 5 8 4.

**1.**

**E** ist ein alt Sprichwort: Wann man vnder die Hund werffe/ wölcher getroffen werd/ der schreie. Derwegen mir nie gezweiffelt/ als ich wider die Concipisten des newen Mandats (wölches vnter dem Namen Hertzogen Johann Casimiri/ ꝛc. publicirt worden) geschriben/ es würden die Caluinische Theologen (als die Authores selbigen Edicts) herauß fahren/ vnd jämmerlich darüber heulen vnd hincken. Dann ich sie zeitlich befunden/ nicht als getrewe Hund/ wölche den Schaffstall Christi bewachen/ vnd wider die Wölff/ billich (wie der Prophet dauon redet) nicht stumme Hund sein solten: sondern ich finde sie in der Kuppel (weil ich je meinen Widersächern wider meinen willen ein Jäger vnd Weidman sein muß) deren Hund/ vor denen S. Paulus warnet/ da er sagt: Sehet auff die Hund: sehet auff die bösen Arbeitter: sehet auff die Zurschneidung. Dann sie nicht weniger/ dann jre vnselige Vorfaren vnd Patriarchen/ Carolstad/ Zwinglius/ vnd jre Gehülffen/ mit jrer falschen Lehr vom heiligen Abendtmal/ in denen Kirchen/ so vom Antichristischen Pabstumb abgetretten/ ein grewliche zurschneidung der Christlichen Einigkeit/ vnd hochschädlichen Riß angerichtet.

*Die Concipisten des Heidelbergischen Mandats/ haben sich allbereit funden.*

*Isa 56.*

*Phil 3.*

Nun weiß ich mich wol zuerinnern/ der Lehr vnsers lieben Heilandts Jesu Christi/ da er warnet/ daß man das Heiligthumb nicht soll den Hunden geben: auff daß sie nicht sich wenden/ vnd vns zureissen. Darumb/ wann es vmb dise vntrewe Hunde (wölche zu jrer gelegenheit könne schmeicheln/ wann sie die einfältigen verführen wöllen/ vnnd doch darneben die reine Lehrer grimmiglichen anfallen) allein zuthun/

*Matth 7. Die versteckte Caluinisten sein für jhr Person/ keiner Antwort werdt.*

A 2 were

Abfertigung der Gegenwarnung/ der were nichts bessers/ dann daß man solcher/ als Ketzerischer vnd hartuerstockter Leut müssig gieng/ vnd sie dem gerechten Vrtheil Gottes befehlen thete.

*Warumb den Caluinischen Theologen geantwort werde.*

Weil aber hierunder die gutherzige Christen/ so der Warheit begirig/ billich zubedencken/ hab ich für ein notturfft geachtet/ auff der Heidelbergischen vermeindte Gegenwarnüg/ mit gutem grundt/ jedoch auffs kürtzest/ zuantworten: damit menniglich verstehen möge/ mit was Fräuel vnd Mutwillen dise Gottlose Leut/ die reinen Diener des heiligen Euangelij/ eines Antichristischen angemaßten Primats/ fälschlich bezüchtigen: Vnnd/ daß dise Caluinische Heidelbergische Predicanten/ eben so reine Theologen sein/ als ein alter Veldsiech/ oder (mit bescheidenheit zumelden) ein Pfinnige Saw/ die man nicht außhawen/ noch verspeisen darff.

*Reinigkeit der Caluinischen Theologen.*

Es haben aber die Heidelbergische Theologi/ die Sachen in jhrer Gegenwarnung gantz vnordenlich in einander geworffen/ auch ettliches vilfeltig widerholet: dz es mühe brauchen will/ die Händel auß einander zuklauben/ Wie dann jr Geist/ der sie treibt/ ein Geist ist der Vnordnung vnd Confusion. Sonderlich aber verschlagen sie listiglich den rechten Hauptstritt vom H. Nachtmal/ damit der Christlich Leser/ nicht eigentlich verstehen soll/ warumb zwischen vns/ vnd jnen der Stritt sey: mit wölchem Fuchslist sie vil einfeltiger gutherziger Leut betriegen. Vnd damit sie jhrer bösen Sachen/ ein guten schein machen/ tragen sie Lügen mit Wannen zu: dermassen/ daß selten fünff oder sechs zeil in jhrer Schrifft auff einander folgen/ darinnen nicht ein offenbare Vnwarheit/ mutwillige Calumnia/ oder verkehrung vnnd verfälschung anderer ehrlicher Leut Reden oder Schrifften/ gefunden würdt.

*Caluinische Theologi/ werffen alles vnordenlich durcheinander/ vnnd verkeren den statũ causæ.*

Nun

### Heidelberg. Caluin. Predicanten.

Nun hette es eines solchen langen vnnützen geschwätz vñ gewäsches/darmit sie das publicirt Edict/wider regen/vnnd Wind zufirneissen vnderstehen/nichts bedürfft. Dann/ist jr Caluinische Lehr im Artickel vom H. Abentmal recht/vnd den Worten der Einsatzung Christi gemeß: so ist das Edict (so vnder Hertzogen Johannis Casimiri/rc. Namen außgegangen) nit zustraffen. Ist aber die Caluinische Lehr falsch/vnnd den Worten Christi zuwider: so kan gedachtes Edict/ oder Mandat (als das zu fortpflantzung des Caluinischen Jrrthumbs gestellet vnd publicirt) nicht mit gutem Grundt entschuldiget oder verthädiget werden. Vnnd tünchen dise lose Tüncher (wie der Prophet dergleichen Lehrer nennet) vergeblich daran: streichen auch solche Farben an/die am Wind vnnd Wetter kein bestandt haben mögen/sondern selbs widerumb abfallen müssen.

*Warauff die Sachen/das Mandat belangendt/ kürtzlich berhuht.*

*Ezech 13.*

Derhalben will ich (vermittelst Göttlicher Gnaden) in diser Schrifft/den Christlichen Leser/widerumb zum Hauptstritt diser Sachen führen/vnd jhm zeigen/daß der HERR Christus/vnnd seine liebe Apostel vnd Euangelisten/vil anderst vom H. Nachtmal gelehret vnd gehalten/dañ die Caluinische Heidelbergische Theologi/vnd jres gleichen falsche Lehrer glauben vnnd halten. Darauß würdt dann für sich selbsten offenbar werden/daß die jenigen/so mehrgedachtes Mandatum concipirt/vnnd jr Obrigkeit zur publication desselben angetriben vnd gehetzt/sehr vbel vnnd vnchristlich gehandelt/vnd mit der execution desselben noch vil übler vnnd vnchristlicher handlen/in dem sie reine Lehrer/so mit gutem Gewissen/dem Mandat nicht gehorsamen können/von jren befohlnen Kirchen vertreiben/vnnd an derselben statt/böse verschlagene tückische Caluinisten auffstellen/vnnd den

*Die Puncten/ daruon in diser Schrifft gehandelt würde.*

I.

**4** **Abfertigung der Gegenwarnung/der**
Christlichen Kirchen in der Churfürstlichen Pfalz mit gewalt aufftringen.

**2.** Zum andern/will ich anzeigen/mit was vnuerschämpten Vnwarheitten/sie die offenbare helle Warheit (in diser Handlung oder Strit vom H. Nachtmal) vnderstehen vnterzutrucken/vnd die Leut mit sehenden Augen wöllen blind machen. Wie sie auch fromme vnnd Christliche Obrigkeiten vnd Kirchendiener/mit vnerfündtlichen aufflagen/Lügen/ vnd Calumnien/wider ir eigen Gewissen/beschweren.

**3.** Zum dritten/will ich auch mein Person/gegen disen Lügnern vnd verleumbdern verantworten/souil die notturfft erfordert: Vnnd mich in disen Puncten allen geliebter kürtze/ (souil immer die Sachen erleiden mögen) befleissen.

## I. Wölches eigentlich der Hauptstritt zwischen vns vnnd den Caluinisten sey.

*Der Haupstritt zwischen den Caluinisten vnd vns/ ist/von der waren Gegenwart des Leibs vnd Bluts Christi im H. Nachtmal.*

*Lutheri Christliche Lehr vom H. Nachtmal. Matth. 26.*

Der Stritt zwischen den Zwinglianern vnd vns/ist erstlich gewesen/vber dem H. Nachtmal Christi: Ob nämlich/im H. Abentmal/der ware Leib/vnnd das ware Blut vnsers HErrn Jesu Christi/mit Brot vnnd Wein/außgetheilet/vnd von denen/so zum heiligen Sacrament gehen/empfangen werden: von den frommen zwar/zur sterckung des Glaubens/vn fürderung des newen angefangenen Christlichen lebens: von den bösen aber vn vnbußfertigen/zum Gericht. Hie haben sich Lutherus/vn andere reine Lehrer mit jm/jederzeit gehalten an die Wort Christi/der in einsetzung seines H. Abtmals gesagt: Das ist mein Leib/der für euch gegebẽ würdt: das ist mein Blut/das für euch vergossen würdt. Disen worten Christi haben Lutherus/vn andere Christliche lehrer vn zuhörer/einfeltig geglaubt. Die Zwinglische

### Heidelberg. Caluin. Predkanten.

lische Widerpart aber hat dise Wort Christi nit mit einfeltigem gehorsamen Glauben annemen wöllen/ sondern selbige disputirlich gemacht: vñ haben mancherley Außlegungē gesucht/damit sie ja jr menschliche Vernunfft nicht vnder den Gehorsam Christi gefangen nemen müßten. Dann Carolstadius/wölcher disen Schwarm vnd Streit (nach dem wider geoffenbarten H. Euangelio) herfür bracht vnd angefangen/hat fürgeben: der HErr Christus hab im H. Abentmal/in darreichung des Brots/auff seinē Leib gedeutet/ vnd gesagt: Das ist mein Leib/ der für euch gegeben wurde: vnd hab also seinen Jüngern weitters nichts/ dann Brot vñ Wein dargereichet. Zwinglium hat gedeucht / dise Speen seien gar zu grob gehawen: darumm er ein andere außlegüg gesucht/nämlich/daß die Wort Christi (das ist mein Leib) sollen souil heissen:das bedeuttet meinen Leib. Oecolampadius aber/hats noch ettwas subtiler machen wollen / vñ hat die Wort Christi also außgelegt:Das ist meines Leibs Zeichen. Schwenckfeld hat die Wort Christi vmbkeret/ vñ sie also gesetzt:Mein Leib ist DAS/ vernim/ ein geistliche speise. Dise Außleger alle/ob wol keiner mit dem andern eingestimmet /vnnd sich ein jeder bedunckē lassen/er habe neher zum Zweck geschossen/dañ seine Gesellen: Jedoch sein sie in dem einig gewesen/daß nach der Himelfahrt Christi/ in außspendung deß H. Nachtmals/ der Leib vñ das Blut Christi nicht bey vns auff Erden gegenwertig/noch vil weniger aber/ mit Brot vñ Wein empfangen werden. Diser meinung ist auch Caluinus gewesen / vnd noch heutigs tags Theodorus Beza,vnd alle Caluinisten: ob sie sich wol in jren worten vnnd Bekañtnussen wunderlich verdrehen /krümen/ vnd solchen jren Vnglauben gern verbergen wolten : Wie sich hernach an seinem ort lautter finden soll. Als

*2. Cor 10.*
*Carolstadij falsche außlegung der Wort Christi.*

*Zwinglij falsche außlegllung der Wort Christi.*

*Oecolampadij falsche außlegung der Wort Christi.*

*Schwenckfelds falsche außlegung der Wort Christi.*

Abfertigung der Gegenwarnung/der

Als man nun mit einander vber der Gegenwertigkeit deß Leibs vnd Bluts Christi im H. Abentmal gestritten: haben Zwinglius vnd sein Anhang/wider den richtigen einfeltigen Verstandt der Wort Christi/ vermeindtlich eingeführt die Articul des Glaubens/ da wir bekennen/ Christus sey gen Himmel gefahren/ sitze zur Gerechten des Himlischen Vatters: vnd werde widerkommen/zurichten/die lebendigen vnd die todten. Sie haben auch fürgewendet/dz der Son Gottes/hab menschliche Natur angenommen. Nun sey es aber wider die Eigenschafft menschlicher Natur / daß ein warer Leib könne zumal an zweien vnterschidlichen orte sein: Darumb könne auch (nach jrer Meinung) der Leib Christi (als der gen Himmel gefahren/ zur Rechten Hand Gottes sitze/ vnnd am Jüngsten tag allererst widerkommen werde) nicht hienieden im heiligen Abentmal gegenwertig sein/ vnnd mit dem Brot außgetheilet/vnd geessen/ noch sein Blut getruncken werden.

*Zwinglianer haben sich vnterstanden/ die Articul des Glaubens wider die Gegenwart des Leibs vnd Bluts Christi im H. Nachtmal zuführen.*

Hie ist es ein notturfft gewesen/daß Lutherus/ vnd andere reine Lehrer/ die Himmelfahrt vnsers HErrn Christi/ sein sitzen zur Gerechten Gottes/ vñ Widerkunfft zum Gericht/ Christlich (nach außweisung der H. Göttlichen Schrifft) erklärt/ nämblich/ ob wol Christus sichtbarlich warhafftig vbersich gen Himel gefahren/ vnnd am Jüngsten tag sichtbarlich mit grosser Maiestet/ widerumb kommen würdt: Jedoch sey noch heutigs tages/ der gantze Christus seiner Christlichen geliebten Kirchen (wiewol vnsichtbarlicher/vñ menschlicher Vernunfft vnbegreifflicher weise) gegenwertig/ dann er hat gesagt: Sihe/ich bin bey euch alle tag/biß an der Welt ende: vnd: Wo zween oder drey versamlet sein/ in meinem Namen/da bin ich mitten vnter jnen. So hat der heilig Apostel Paulus/ vns die Himmelfahrt Christi also erklä-

*Zwinglianer haben vrsach geben/ daß von der Himmelfahrt Christi/ seinem sitzen zur Gerechten Gottes/ vnd von der Person Christi disputirt hat werden müssen.*
*Matth 25 Rechter verstand der Himmelfahrt Christi.*
*Matth. 28.*

### Heidelbergiſ. Caluiniſ. Predicanten.

erkläret: Er iſt vber alle Himmel gefahren / auff daß er al‑ *Ephef. 4.*
les erfülle. Wölche Außlegung der Himmelfahrt Chri‑
ſti/ die gegenwertigkeit des Leibs vnd Bluts Chriſti im heili‑
gen Nachtmal nicht vmbſtoſſet/ ſondern vil mehr beſtettiget.
Es iſt auch von den vnſern/ das ſitzen zur Gerechtē Gottes/ *Rechter verſtādt*
auß H. Schrifft erkläret worden/ nämlich/ daß die Gerech‑ *des ſitzens zur*
*Gerechten Got‑*
te Gottes nit ſey ein gewiſſer leiblicher ort/ ſondern die vn‑ *tes.*
endtliche Allmacht vnd Gewalt Gottes/ in wölche der Herr *Pſal. 118.*
Chriſtus/ als warer Menſch/ eingeſetzt worden. Darumb er *Matth. 28.*
geſagt: Mir iſt gegeben aller Gewalt/ im Himmel vnnd auff
Erden. Darumb auch das ſitzen zur Gerechten Gottes/ nit
wider die Gegenwertigkeit des Leibs Chriſti im heiligen
Nachtmal ſtrebet/ ſondern derſelbige vil mehr fürſtendig iſt.
Vnnd dieweil die Zwinglianer vil von der Eigenſchafft ei‑
nes waren menſchlichē Leibs diſputirē/ daß er/ nämlich/ nicht
zumal an zweien orten ſein könne: iſt jnen/ auß heiliger Gött‑
licher Schrifft gründtlicher Gegenbericht geſchehen: daß *Rechte Lehr von*
ja der Son Gottes ein ware Menſchheit angenommen/ vnd *der Menſchheit*
*Chriſti.*
nach der einen Natur/ ein warhafftiger Menſch ſey/ Dane‑
ben aber ſey auch wol zubedencken/ daß der Son Gottes mit
der angenommenen Menſchheit ein einige vnzertreilte Per‑
ſon/ wölche auch der Todt nicht hat können ſcheiden oder
trennen. Darumb wölle es den Chriſten nicht gebüren/ daß
ſie die Menſchheit Chriſti allein hinauff in Himmel ſetzen:
die Gottheit aber auff Erden (one die angenom̄ene Menſch‑
heit) haben wöllen: dann wo der Son Gottes iſt / da hab er
ſein angenom̄ene heilige Menſchheit bey ſich : alſo/ daß ſel‑
bige mit dem Son Gottes allenthalben gegenwertig/ jetzt
im ſtandt ſeiner Herrligkeit/ alles regiere vnd verwalte/ doch
nit auff natürliche/ menſchliche / ſonder auff ein himliſche/
vnd menſchlicher Vernunfft vnbegreiffliche weiſe.

B        Diſe

Abfertigung der Gegenwarnung/ der

*Die Lehr von der Maiestet der Menschheit Christi ist von Luthero vnd andern reinen Lehrern jeder zeit geführt worden*

Dise Lehr/ von der Maiestet Christi/ des Menschẽ Sons/ ist von Doctore Luthero, Fürst Georgẽ zu Anhalt/ Brentio, Pomerano, Iusto Menio, Vrbano Regio, Vito Theodorico, Casparo Huberino, Althamero, vnnd andern damaln berhümbten Theologen der Augspurgischen Confession / nicht allein im Streit wider die Zwinglianer/ sondern auch in andern jhren Schrifften/ geführt worden/ inmassen vor diser zeit / in etlichen vnsern Schrifften klar vnd vnwidersprechlich erwisen. Vnnd wiewol noch bey Lebzeiten D. Luthers dise Christliche Lehr/ von der vnendlichen Herrligkeit Christi/ den Zwinglianern nicht gefallen:

*Zwinglianer haben nicht allwegen so hefftig wider die Maiestet Christi getobet.*

Jedoch haben sie damaln dermassen nicht/ wie jetzt/ darwider getobet: Auff vnser Seiten aber hat sich kein Theologus im wenigsten darwider gesetzt. Dann vnsers theils reine Theologi wol verstanden/ ob wol die Gegenwertigkeit des Leibs vñ Bluts Christi im H. Nachtmal allein auff die Wort der Einsatzung Christi gegründet: so seie doch die Lehr von der Maiestet Christi des Menschen Sons/ der Grundt/ auß wölchem man die vermeindte Argumenta der Zwinglianer (wölche sie/ auß der Himelfahrt Christi/ seinem sitz zur Gerechten Gottes/ vñ auß den Eigenschafftẽ der menschlichen Natur herfür bringen) widerlegen kan: in dem man erweiset/ daß der Herr Christus/ auch nach seiner H. Menschheit/ alles vermöge zuleisten/ was er in seinem Wort versprochen: darumb/ daß er warer Gott vnd Mensch/ in einer einigen vnzertrenten Person ist: Wölches sonsten keinem andern Menschen (wann er gleich auch/ wie Christus/ one Sünd empfangen vnd geborn were) müglich sein köndte.

Nachdem aber vor etlichen wenig Jaren/ durch des Caluini, vnd anderer Zwinglischen Theologen Schrifften vnd Practicken/ die Sacramentirische falsche Lehr widerumb/ als ein Feur (wölches ein zeitlang gedemmet gewesen) gleich von newem

### Heidelberg. Caluin. Predicanten.

newem auffgangen/vnd Christliche Lehrer demselbigen zu wöhren/durch heilsame notwendige Schrifften/ allen müglichen fleiß angewandt/vnd wider der Zwinglianer Disputationes, (wölche dem HERrn Christo/ nach seiner heiligen Menschheit/ seinen Gewalt außmessen/vñ jrem Schöpffer Christo/Marckstein setzen wöllen/wie weit sich sein Gewalt in seiner H. Menschheit erstrecken möge)die Hocheit vnnd Herrligkeit Christi des Menschen Sons/ als dem nichts vnmüglich/der alles weist/vnd allenthallen gegenwertig regieret/auß H. Göttlicher Schrifft/wider die Zwinglianer/ erwisen: Haben die Caluinistē wol gesehen/wañ dise Lehr (von der Herrligkeit vnnd Allmacht Christi/ als deß Menschen Sons)bestehe/daß dadurch alle jre fürgewendte scheinbarliche Argumenta fallen müssen. Derwegen sie die Disputation/von der Gegēwertigkeit des Leibs vñ Bluts Christi im H. Nachtmal/gleichsam ettwas beseits gestelt/ vnd vilfaltig fürgegeben/ daß sie selbsten auch ein ware Gegenwertigkeit des Leibs vñ Bluts Christi im H. Nachtmal glauben. Dagegen aber haben sie mit all jrer vermeindten Kunst vnd vermögen/wider die Lehr von der Maiestet Christi/deß Menschen Sons/bißher gestürmet/ vñ mit greulichen Lösterungen getobet. Vñ damit sie ja dise reine Lehr (als die jnen zum höchsten zuwider) bey menigklichen verdächtig vnd verhaßt machen möchten: haben sie derselben ein newen Namen erdichtet/ vnnd die Vbiquitet genennet/ deren Vatter/Brentius soll gewesen sein: die reinen Lehrer/ wölche sich jhrem Zwinglischen Schwarm widersetzen/ nennen sie/ Vbiquitisten: gleich alß ob nicht von anfang dises entstandnen Stritts/ je vnnd allwegen die Lehr von der Maiestat Christi/ jhnen were entgegen gesetzt worden. Wölches sie alles darumb thun/auff daß sie reine Theologen

*Warumm die Caluinisten jetziger zeit so hefftig wider die Maiestet des Menschen Christi toben.*

B 2 ver-

Abfertigung der Gegenwarnung/der verdächtig machen/als ob sie ein newe vnd vngeheure/hieuor vnerhörte Lehr in die Christenheit einführten: weil der Name (den die Caluinisten ertichtet haben) newe/vnnd hieuor vngewohnlich gewesen. So wissen sie auch/daß sie in disem Stritt vn Kampff von der Vbiquitet/ heimliche Gehülffen habē/nämlich/die heimliche Caluinisten/wölche mit dem Mund die Gegenwertigkeit̄ es Leibs vnd Bluts Christi/im H. Nachtmal bekennen/ vnnd doch im Hertzen nichts dauon halten. Vnd getrösten sie sich nicht wenig/daß jhnen auch die Jesuiter (der Göttliche Warheit abgesagte Feind) hierin/wider die reinen Lehrer / einen Beistandt leisten.

*Der Hauptstrit zwischen vns vnd den Caluinisten/ ist nicht von der Vbiquitet/oder Allenthalbenheit Christi.*

Nun ist dises nicht der Hauptstrit zwischen vns vnnd den Zwinglianern: Ob der HERr Christus auch nach seiner heiligen Menschheit allenthalben gegenwertig sey. Dann wann die Zwinglianer vns zugegeben hetten/daß der Son Gottes mit seiner heiligen Menschheit an allen denen orten gegenwertig were/da sein H. Abentmal / nach seiner Einsatzung/ gehalten würdt / so were es zu der Disputation (ob Christi angenommene Menschheit allenthalben gegenwertig were) nie kommen. Darumb ist es ein vberauß grosse Boßheit/dz die Caluinisten jetzt fast einig/ dise Disputation (von der Gegenwertigkeit Christi an allen orten) treiben: vnd sich dagegen stellen / als ob sie in der ersten Disputation (von der Gegenwertigkeit des Leibs vnnd Bluts Christi im heiligen Abentmal) mit vns einig weren/vnnd im selbigen Puncten allein von dem modo præsentiæ, das ist/auff was weise Christi Leib vnd Blut im H. Nachtmal gegenwertig sey/gestritten würde.

*Der Hauptstrit ist: Ob der Leib vnd Blut Christi im H. Abentmal*

Der Hauptstrit aber (auß wölchem allererst hernach die Disputation von der Vbiquitet/hergeflossen) ist hieruon: Ob der Leib vnd Blut vnsers HErrn Jesu Christi/im H.

Abent-

## Heidelberg. Caluin. Predicanten.

Abendtmal gegenwertig seien: also/ daß wer das gesegnete Brot isset/ derselbig auch den Leib Christi esse: vnd wer auß dem gesegneten Kelch trincket/ derselbig auch das Blut Christi trincke. Dann den Modum oder weise/ wie Christi Leib gegenwertig sey/ stellen wir auff ein ort/ vnnd befehlen solch hoch Geheimnus der Allmächtigen Weißheit Gottes/ vnsers himlischen Vatters: vnnd lassen vns benügen/ daß wir wissen vnd glauben/ daß Christi Leib vnnd Blut warhafftig im H. Abentmal gegenwertig/ vnd allda geessen vnd getruncken werden: Wölches aber die Caluinisten nicht glauben: sonsten weren wir der sachen in dem Haupstritt schon einig. *warhafftig gegenwertig sey.*

Ob aber wir/ oder die Caluinisten/ recht daran seien/ kan vns niemandts besser entscheiden/ dann der HErr Christus selbst/ vnd der H. Apostel Paulus/ der im dritten Himmel vñ in Paradiß gewesen. Christus aber (wie Mattheus der Euangelist vnd Apostel/ wölcher im H. Abentmal selbst gegenwertig gewesen/ bezeugt) hat das Brot genommen/ gedanckt/ gebrochen/ seinen Jüngern gegeben/ vñ gesprochen: Nemet/ esset/ das ist mein Leib. Er hat auch den Kelch genommen/ gedanckt/ jhnen denselben gegeben/ vnnd gesprochen: Trincket alle darauß/ das ist mein Blut/ des newen Testamens/ wölches vergossen würdt für vil/ zur vergebung der Sünden. Vnnd mit disen worten/ stimmen auch die zween Euangelisten/ Marcus vnnd Lucas/ da sie die Einsatzung des H. Nachtmals beschreiben. Lieber sag mir: Was hat Christus seine Jünger heissen essen/ da er jhnen das Brot dargebotten? Höre den HErrn Christum selbst/ der sagt: Esset/ das ist mein Leib. Was hat er sie heissen trincken/ da er jnen den Kelch (in wölchem Wein gewesen) dar- *Christi warhafftige Wort/ geben lauttern bescheid/ ob wir/ oder die Caluinisten recht vom H. Abentmal halten. Matth 26.*

B 3 gebot-

**Abfertigung der Gegenwarnung/der** gebotten? Höre den HERrn Christum selbsten/der sagt: Trincket/das ist mein Blut. Womit isset vnnd trincket man aber? freilich mit dem Mund. Darauß ist vnwidersprechlich/daß wer das Brot im H.Abentmal isset/der isset den Leib Christi: Vnd wer den Wein im H.Abentmal trincket/der trincket das Blut Christi. Vnd würdt vnser HErr Christus nicht darumb zum Lügner/wann ein Vnbußfertiger hinzu gehet: wie auch Christi Wort nicht darumb zur Lügen worden sein/daß Judas der Verchäter/mit den andern Aposteln das Abentmal empfangen hat. Dann S. Paulus (der freilich mehr von disem Geheimnuß gewüßt/ dann wann man alle Caluinisten in ein Klumpen zusammen schmeltzet) sagt außtruckenlich: Wölcher vnwürdig von disem Brot isset/oder von dem Kelch deß HErrn trincket/der ist schuldig an dem Leib vnd Blut des Herrn. Vnd abermals spricht er: Wölcher vnwürdig isset vnnd trincket/ der isset vnd trincket jhm selber das Gericht/darumb/daß er nicht vnterscheidet den Leib deß HErrn. Dises ist ja lautter von der Sachen geredet/daß der Leib vñ Blut Christi im H.Abentmal mit Wein vnd Brot geessen vñ getruncken werden/von würdigen vnd vnwürdigen: gleichwol von den vnwürdigē nit zu jrem Heil/sondern jnen zum Gericht.

Wir verstehen zwar selbst wol/daß dise Lehr/von der warhafftigen Gegenwertigkeit des Leibs vnd Bluts Christi im H. Nachtmal/vor vnser menschlichen Vernunfft gantz vngereumbt/ja auch thöricht scheinet: wie dañ die witzige Närrn/ die Vernunfft/ sich in den Göttlichen Geheimnussen gar närrisch stellet/wañ sie ettwas nit begreiffen/vñ mit jrer Spitzfindigkeit außmessen kan. Vñ können die Caluinisten kein absurdū hierin erdencken/wir köñten selbigs so wol/als sie/

*Ob die Vnbußfertigen auch den Leib vnd Blut Christi im H. Nachtmal empfangen?*

*1.Cor.11.*

*Die menschliche Vernunfft ergert sich an der heilsamen warhafftigen Lehr/vom H. Nachtmal Christi.*

## Heidelberg. Caluin. Predicanten.

sie/sehen/wann es sich gebürte/die Göttliche Weißheit in die Schul zuführen. Wir haben aber gelernet/unser Vernunfft in Göttlichen sache(nach der Lehr deß Apostels Pauli) unter den Gehorsam Christi gefangen zunemen/vnd den Worten Christi einfeltig zuglauben. Dises aber wöllen die Caluinisten/in disem Geheimnus/nicht thun: sondern sie wöllens mit jhrer Vernunfft verstehen/begreiffen/ja auch mit jren leiblichen Augen sehen. Darumb ists nicht wunder/ daß sie schreiben: **Es muß der Leib Christi so weit von vns sein/als der Himel ist von der Erden.** Vnnd hilfft die Caluinisten gar nicht/daß sie dise Gottlose wort (darmit sie jr Gottloses vnd vnglaubigs Hertz verrhaten) verklügen/vnnd mit wunderlichen Glossen verstreichen wöllen. Dann dise Wort sein lautter vnnd rund geschriben/ vnd nit tunckel/sonder ligen offentlich am tag/wie der Baur an der Sonnen. Darumb ist es lautter Büberey/wann sie in jren Schrifften fürgeben/sie glauben auch mit vns im H. Abentmal/ein ware Gegenwertigkeit des Leibs vnd Bluts Christi. Seitemal auch die Heidelbergische Caluinische Theologen geschriben: Wir sagen teutsch vñ rund/daß der Leib Christi/weder klein noch groß/weder außgedehnet noch eingezogen/weder einzig noch vilfeltig/weder himlischer noch jrdischer/oder fleischlicher weise/weder sichtbar/ noch vnsichtbar zugleich an vilen oder allen orten sey/ec. Wie können sie dann glauben/dz der Leib Christi im Nachtmal sey/das auff einmal an souil tausent orten/zumal in der Christenheit gehalten würdt?

Daß/haben sie jemals ein ware Gegenwertigkeit des Leibs vnd Bluts Christi/im H. Abentmal geglaubt: warumb haben sie nicht zu Augspurg/Anno/ec. 30. die Augspur. Confession vnter-

*Rechte Christen nemen jr Vernunfft gefangen/ vnder den Gehorsam Christi. 2 Cor. 10.*

*Caluinisten wöllen nicht glauben/ sonder sehen vnnd begreiffen.*

*Caluinus in Consensu cũ Tigurinis. Et Beza in Colloquio Posiaceno. Caluinisten glauben kein Gegenwertigkeit deß Leibs Christi im H. Nachtmal.*

*In der Heidelberger Büchlin/genandt/Bestendige Antwort. M. f. fa. ij.*

*Fernere beweisung/daß die Caltein Gegenwertigkeit des Leibs vnd Bluts Christi im H. Nachtmal glauben.*

**Abfertigung der Gegenwarnung/ der** vnderschrieben? sondern ein andere vnnd eigne Confession Keyser Carolo vbergeben? Vñ da jnen hernach in Franckreich/ein Religionfriden verheissen worden/wañ sie die Augspurgische Confession vnterschreiben wolten: warumb haben sie damaln ehe eines newen vnd blutigen Kriegs wöllen gewertig sein / dann die Augspurgische Confession vnterschreiben? Ja warumb vnterschreiben sie nicht noch heutigs tags purè & sine conditione, (fein rund/redlich/vnd one gefährlichen vorbehalt) die Augspurgische Confession/ wie selbige Keisern Carolo V. hochlöblichster gedächtnus/ Anno/ꝛc. 30. zu Augspurg vbergeben worden? Vnnd hören darnach auff wider vns ferner zupredigen vnd zuschreiben? Dann weil sie disen Hader vnd Lermen in der Christenheit angefangen/ solten sie billich (wann sie zu Christlichem Friden/so grossen lust hetten/als sie fürgebē) auch am ersten auffhören/vnnd jres theils (mit vorgehender Bekantnuß der reinen Lehr) ein endt daran machen. Dann wir vnsers theils/seid der zeit / des widergeoffenbarten Euangelij/vnsern Glauben vnd Lehr vom H. Nachtmal nie geendert: vñ/ da die Zwinglianer nicht ein newe Lehr/ wölche den worten Christi zuwider/in die Christenheit eingeführet / so were wol frid geblieben. Glauben die Caluinisten mit vns ein ware gegenwertigkeit des Leibs vnnd Bluts Christi im H. Nachtmal: Warumb haben sie dann vor ettlichen Jaren/alle Euangelische Predicanten/ wölche es im Artickel vom heiligen Nachtmal mit vns gehalten/auß der Churfürstlichē Pfaltz/ mit Weib vnnd Kindern verjagt/vnnd ins elend verstossen? Ist das jr brüderliche/ oder vil mehr liederliche Liebe/die sie gegen jren Glaubensgenossen erzeigen? Warumb verschupffen sie heuttiges tags widerumb auß der Churfürstlichen

## Heidelberg Caluin. Predicanten.

chen Pfaltz reine Christliche vnd vnsträffliche getrewe Lehrer/wölche ob der waren Gegenwart des Leibs vnnd Bluts Christi im H. Abentmal halten? wann sie selbsten auch ein ware Gegenwart (wie sie mit worten fürgeben) glauben? Sie haben vor wenig Wochen alle rechtglaubige Collaboratores auß dem Churfürstlichen Pædagogio zu Heidelberg außgeschafft vnd geurlaubt/ vnnd andere/nämlich/ Caluinische/an jhr statt geordnet. Sie haben D. Luthers Catechismum widerumb auß den Schulen außgemustert/ vnd den Caluinischen an die statt gesetzt. Sie haben in denen Kirchen/die sie eingenommen/die gute Christliche Kirchenordnung/wölche Pfaltzgraue Ludwig Churfürst/ Christseligster Gedächtnuß/angerichtet/abgeschafft/vnd jr Zwinglische Kirchenordnung widerumb eingeführet. Vnd wöllen dannoch dise lose Leut/in jrer Gegenwarnung abermals alle Welt mit gewalt vberreden/sie glauben mit vns ein ware Gegenwertigkeit deß Leibs vñ Bluts Christi/im H. Nachtmal. Halten sie dann alle Christen für Stöck vnd Blöck/ daß sie nicht verstehen solten/was die Caluinisten im Schilt führen? Weil man auß jren worten höret/vnd an jren Thaten sihet/was jr Glaub vnd Religion ist?

*D 1 fa. 1.2. D. 3. fa. 1.2. D. 4 fa 1. 2. L. 1. fa. 1.2, L. 2. fa 1.*

Vnnd zwar/ etliche jhre Caluinische Mitbrüder/wölche den Schalck nicht so wol verbergen können/ als die Heidelbergische Caluinisten/haben sich vor diser zeit vilfältig/ mit der That/in außspendung deß Nachtmals/ mercken lassen/ was sie von dem H. Abentmal Christi halten. Dann ich glaubwürdig bericht worden/ daß in der Churfürstlichen Pfaltz vor acht jaren/zu T. ein Caluinischer Predicant/den einen theil deß Sacraments seinen Pfarrkindern auß einer Fläschen dargereicht/vñ zu seiner Pfarrkinder einem gesagt

*Was die Caluinisten vom H. Nachtmal halten/ haben sie mehrmaln mit der That bewisen.*

C haben

Abfertigung der Gegenwarnung/der
haben soll: Thue einen guten starcken Suff. Als auch daselbsten ein Pfarrkind/von wegen weniger vñ böser Zeen/ den Kuchen/(als den einen theil jres Zwinglischen Sacraments) auff wölchem das Pfältzische Wappen gewest/nicht niessen oder erbeissen können/soll der Predicant selbiger Person/disen Christlichen Raht gegeben haben/sie soll den harten Kuchen mit sich heim nemen/selben in ein Suppen/oder ins trincken waichen: wie dann auch beschehen. Vnnd wie hoch die Caluinisten von den H. Sacramenten halten/ist auch darbey abzunemmen/daß vmb dieselbige zeit/in der Churfürstlichen Pfaltz/ettliche Caluinisten auß Tauffsteinen (darauß nach Christlicher Ordnung kurtz zuuor Kinder getaufft worden) vñ auß Altar Steinen/(auff wölchen vnlang daruor das H. Abentmal Christi/nach seiner Einsatzung/gehalten worden) Sawtrög gemacht haben.

 Darumb ist es lautter Schalckheit vnd Betrug/waß die Caluinische Theologi/mit scheinbarlichen worten fürgebe/als ob sie mit vns ein ware Gegenwertigkeit des Leibs vñ Bluts Christi im H. Nachtmal glaubten: dann diß hat inen ihr Hertz nie berühret/wie solches jre Thaten erweisen. Derwegen/wann sie ettwo mit vnsern worten/vom heiligen Abentmal reden/so ist es doch nichts anders im Grundt/ dann wann ein Kundtschaffter im Krieg seiner Widerpart Veldzeichen anhengt/vnnd also in seines gegentheils Läger sich thut/damit man jhne nicht kennen soll/daß er ein Feind sey: er aber hietzwischen allerley außkundtschafften/vnnd Schaden thun könte. Also schleichen heutigs tags/ettliche tückische verschlagene Caluinische Predicanten ein/bey Christlichen Gemeinen/stellen sich dergleichen mit worten/ als wann sie es mit vns hielten: vnnd thun doch greulichen schaden/ehe man sie erkennen lernet.

*Warumb die Caluinische Prediger vnterweilens mit vnsern worten reden.*

Vnd

### Heidelberg. Caluin. Predicanten.

Vnd zwar/wann sie dise Sach mit gutem Gewissen handelten/solten sie nicht so zweyzüngige/schlüpfferige/zweifelhafftige/vnd geschraubte Bekantnussen thun: wölche man auff zweierley meinung (Lutherisch vnd Caluinisch) außlegen vnd drehen kan: sondern fein rund herauß sagen/wie es jnen vmbs Hertz were: nämlich/daß sie im Abentmal nichts weitters/dann Brot vnnd Wein glaubten/souil die Substantz oder Wesen des heiligen Nachtmals anlanget. Aber es will sie selb gedunken/dises were vil zu laut: vnd möchten sie nicht allein die senigen/so noch nicht Caluinisch/ von jrer Secten damit abalienirn vnd abschrecken/sondern auch jre verführte (jedoch auß vnwissenheit jrrende) Zuhörer damit für den Kopff stossen. Darumb schemen sie sich jres Glaubens/oder vil mehr/jres Vnglaubens/dürffen denselbigen nicht frey rund vnnd lautter herauß bekennen/one wann sie sich vnterweilens auß vnfürsichtigkeit vnnd vnbedächtlich verschnappen. Inmassen dann andere Ketzer/(sonderlich aber Arius) vor vilen hundert Jaren auch gethan: Wölche zwar erstlich/vnd zum anfang grob mit der Sprach herauß gefallen: wie auch Carolstadius vnnd Zwinglius gethan: Wann man jhnen aber gewaltig auß Gottes Wort widerstandt gethan/haben sie (wie ein Schneck in eim Häußlin) die Ohren wider hindersich gezogen/vnnd vil glimpffiger von den Sachen geredet/also/ daß auch Christliche Potentaten vermeindt/selbige Ketzer weren widerumb mit jrer Bekantnüs/zu den rechten Christen getretten. So doch die Ketzer jr erste jrige meinung alle zeit behalten/vnnd nicht fallen lassen: sonder vnter jren glatten Wörtlin/ vnnd schlüpfferigen Bekantnussen/ die Christliche Gemein je lenger je beschwerlicher vergifftet haben.

*Calvinisten handeln dise Sach mit bösem Gewissen/ vnnd schämen sich jres Glaubens selbs.*

C 2        So

**Abfertigung der Gegenwarnung / der**

*Die Calvinische vnd die Christliche Lehr / seind so weit von einander / als Himmel vñ Erden.*

So ist nun offenbar vnnd hell am tag: dieweil die Caluinisten (in der Churfürstlichen Pfaltz vnnd anderswo) keine ware Gegenwertigkeit des Leibs vnnd Bluts Christi im H. Abentmal glauben: Der HErr Christus aber vom heiligen Nachtmal gesagt: Das ist mein Leib: das ist mein Blut: daß der Caluinisten Lehr / vnd vnsers HErrn Christi vnfehlbare Wort / so wenig mit einander sich vergleichen / als Liecht vnd finsternus / wasser vnd feur / ja / so weit von einander sein / als Himmel vnd Erden. Derwegen ein jeder frommer Christ / billich vor der Caluinischen Lehr / als vor einem schädlichen Seelengifft / sich zum fleissigsten hüten soll / so lieb jhm sein ewige Seligkeit ist.

*Wohin das Heidelbergische Mandat gerichtet sey.*

Nun ist das Mandat / so vnder Hertzogen Johann Casimirs / ꝛc. Namen / in der Churfürstlichen Pfaltz außgangen / von den Concipisten auff zweierley end gerichtet / dz Zwinglischen Samen dardurch widerumb in die Pfaltz zuseen. Dann in dem es die widerlegung deß Zwinglischen Irrthumbs in effectu vnnd im grundt / ernstlich verbeut / vnnd nicht leiden will / daß man die Zwinglische Irrthumben vnd Gottslösterung auff der Cantzel melde / anziehe / vnd straffe: so ist dises die meinung / dz also das Zwinglische Vnkraut soll jmmer widerumb fortwachßsen / vñ soll demselbigen nicht / durch Gottes Wort / gewöhret werden. Dann die Caluinische Theologi zweiffeln nicht daran / wann jhr Lehr (wie Gottslösterlich sie sey) nicht mehr offentlich auff der Cantzel zur warnung / außgeruffen / vnd angetastet / so wöllen sie nach vnd nach / selbige in der Churfürstlichen Pfaltz widerumb einschlaichen: Vnd werde also diser jhr Pharisaischer Saurteig / nach vnd nach durchdringen / daß selbigem nicht mehr gewöhret werden könne. Fürs ander / da gedachts Mandat / den reinen Predicanten dröwet ernstliche Straff /

wo

### Heidelberg. Caluin. Predkanten.

wo sie nicht werden parirn / vnnd die Zwinglische Irrhumb vnangefochten lassen / ist es von den Concipisten dahin gemeindt / daß sie hierdurch ein prætextum / vnnd ein scheinursach haben mögen / die eiferigen vnd reinen Predicanten / auß der Churfürstlichen Pfaltz fürderlich abzuschaffen / vñ Caluinische Wölff an jhr statt / in den Schaaffstall Christi einzuführen. Inmassen heutiges tags dises Mandat allbereit in der execution practicirt / vnnd ins Werck gerichtet würdt: da man fromme / gelehrte / Christliche / vnsträffliche / reine / fürneme Predicanten (die sich doch gantz bescheidenlich gehalten) abschaffet / gegen denen man kein andere vrsach fürwenden kan / dann daß sie dem publicirten Mandat nicht gehorsam leisten wöllen. Dagegen aber werden eingesetzt böse verschlagene Caluinisten / wölche eines theils lang den Caluinismum im Busen getragen / jetzt aber allererst denselben bekennen: deren ettliche auch so erbare Leut / daß die Caluinische Kirchen Räht vor ettlichen Jaren / alß sie damaln jre Dienst in der Churfürstlichen Pfaltz angebotten / selbige anzunemen (von wegen jhres verdächtigen vnd ärgerlichen lebens) bedenckens gehabt. Dise aber seind jetzt gut worden / allein / weil sie nicht Lutherisch / sondern Caluinisch sein / vnd den Schalck besser / dann andere grobe Caluinisten / verbergen mögen.

Weil dann mehrgedachtes Mandat / zu disem end concipirt / vnd ins Werck gesetzt würdt / daß dadurch die reine Lehr vnsers HErrn Christi / vom H. Nachtmal vntergetruckt vñ nach vñ nach außgereuttet / dagegē aber die Zwinglische Irrthuiñ widerumb eingeführet / reine Lehrer vertriben / vñ grimmige Wölff in Christi Schaffstall eingelassen: So kan kein rechtuerstendiger Christ mehrgedachts Mandat loben: waſi gleich die Concipisten vñ Verthädiger desselben / den künst- lichsten

*Das Heidelbergische Mandat kan nicht entschuldigt / oder mit gutem Grunde defendirt werden.*

C 3

Abfertigung der Gegenwarnung/ der lichsten Maler Apellem/von den Todten erwecketen/ vñ jme befelhen/ dises Mandat auffs allerschönest/ mit den allerlieblichsten Färblin herauß zustreichen. Vnd wann sie gleich selbigs mit Honig vnd Zucker condirten vnd einmachten/ so ist es doch ein vnbefügt vnd schädlich Mandat: wie allbereit die erfahrung gibt/vnd sich in der That täglich mehr befinden würdt. Darumb ist der Caluinischen Theologen mühe vnd arbeit alle vergeblich/mit wölcher sie vilgedachts Mandat färben vnd mahlen. Der Allmächtig gütig Got/ wölle dem Durchleuchtigen/ Hochgebornen/ Fürsten vnd Herrn/ Herrn Johan Casimir/Pfaltzgrauen bey Rein/ Hertzogen in Bayern/ic. die Gnad deß H. Geists verleihen/ daß seine F.G. dero Caluinischen Theologen Betrug/ List/ Gleißnerey/vnd Schalckheit erkennen lerne/vnd sich von solchen bösen verschlagnen vnd falschen Leuten/ (wölche mit zweierley Sprachen reden/ auch kalt vnd warm auß einem Mund blasen) nicht lenger hinder das Liecht führen lasse: sondern sich vnsern HErrn Christum (als den einigen höchsten Lehrmeister vnd Propheten/ den vns der himlisch Vatter hören heißt) lehren lasse/ Amen.

*Matth. 23.*
*Deut. 18.*
*Matth. 17.*

## 2. Bericht/ auff ettliche vnuerschämbte Vnwarheiten/ durch wölche die Caluinische Theologen/die Leut hinders Liecht führen/vnd vnschuldige Christliche Obrigkeit vnd Kirchendiener vnbillich beschweren.

*Ob die Lutherische Predicanten mit einem Primat schwanger gehn?*

Ich will in disen Puncten der ordnung/ oder vilmehr der Caluinischen Concipisten vnordnung/ die sie in jhrer Schrifft geführet haben/ ordenlich nachgehn. Sie spotten aber bald am andern Blat ein Lügen/ vnnd sagen

gen: Es sey keiner von den fürnemen Vbiquitets Lehrern/
der nicht mit einem newen Primat schwanger gehe/vñ nach
dem Antichristischen vnsaubern Geist stincke. Ich möcht
aber wol wissen/wer vnder allen reinen Lehrern vnsers theils
jemals sich vber alle andere Euangelische Christliche Lehrer erhebt/vnd ein Gewalt oder Primat vber dieselbigen gesucht hette? Daß aber fürneme Lehrer/die Göttliche Warheit mit Mund vnd Schrifften/wider die Caluinisten (wölche jr Gifft in der gantzen Christenheit außzugiessen vnter-
stehn) vertheidigen/vnnd die Christliche Gemeinen vor solchen Wölffen warnen/das heißt noch lang nicht/einen Primat suchen/vnd nach dem vnsaubern vnreinen Antichristischen Geist stincken. Als zur Apostel zeit vnter den Christen
ein Gezänck entstunde/vber dem Articul von der Rechtfer- Act.15.
tigung deß Glaubens: haben Petrus vnnd Jacobus/beide
Apostel/jhr Christliche meinung auß H.Geschrifft darge-
than/vnnd darauff (mit den andern anwesenden Aposteln)
wider die falsche Apostel ein Decret gemacht/vñ in Schrifften verfasset: damit der falschen Lehr gewöhret würde. So
höre ich wol/Petrus vnnd Jacobus (nach der Caluinisten
meinung) sein mit einem newen Primat schwanger gangen/
vnd haben nach dem vnsaubern Antichristischen Geist gestuncken? Paulus hat auß der Statt Philippen (vber Land)
gehn Corinthen geschrieben/vnnd den Jrrthumb/wölcher
daselbsten einreissen wolte (daß/nämlich/ettliche kein Auff- 1 Cor.15.
erstehung der Todten glaubten) außführlich widerlegt. Jo-
hannes der Euangelist vnd Apostel/hat in seiner Epistel ge- 1.Joa 1. 2 4.5.
strafft den Jrrthumb deren/die nicht glaubten/daß der Son
Gottes hette menschliche Natur angenommen: wölche auch
fürnämlich die Gottheit Christi läugneten. So müssen (nach
der Zwinglianer meinung) S.Paulus/vnnd S.Johannes/
mit

mit einem newen Primat schwanger gangen sein / vnd nach dem vnsaubern Antichristischen Geist gestuncken haben: Die Caluinisten wöllen jre Jrrthumm allenthalben außsprengen: vnd wöllen dannoch darüber vngestrafft sein: das heißt mit einem Bäpstischen newen Primat schwanger gehen / vnnd nach dem vnsaubern Antichristischen Geist stincken: Gleich wie der Bapst auch in seinem Decret brüllet / vn̄ sagt: Distin. 40. Si Papa, &c. Wann er gleich mit sich vil tausent Seelen ins höllisch Fewr führe / so soll jhn dannoch kein Mensch auff Erden darumb straffen. Darumb mögen die Caluinisten jren newen ertichten Primat / sampt jhrem stinckenden vnsaubern Antichristischen Geist / jhnen selbst behalten / vnnd ehrliche trewe Diener Christi darmit vnbeschmitzt lassen.

*Wölcher gestalt die Calninisten / Magistrum Balthasarum Bidenbach / Probst zu Stutgarten / seligen / Calumnirn. A.3.fa 1.*

Die Caluinische vntrewe Warner / werffen mir (alß zu einer warnung) für / den Ehrwürdigen / Hochgelehrten Herrn / M. Balthasar Bidenbach / Probst zu Stutgarten / seliger Gedächtnuß / von dem sie schreiben / daß er Anno / ꝛc. 76. vnnd 77. auß seinem Beruff geschritten / vnschuldige fromme Kirchen vnnd Schuldiener in der Churfürstlichen Pfalz vnuerhört zuuerdammen / vnd wegen deß zugemessenen Caluinismi zuuerbannen sich vnderwunden / vnnd ein elenden außgang gewonnen. Die sachen aber sein also ergangen. Als Pfaltzgraue Ludwig / Churfürst / Christseligster gedächtnuß / die Churfürstliche Pfalz von dem Zwinglischen Saurteig widerumb zureinigen fürgenommen: Haben S. Churf. G. von meinem Gnädigen Fürsten vnnd Herrn / Hertzog Ludwigen zu Würtenberg / ꝛc. zu gedachter Reformation einen Theologum auß dem Fürstenthumb Würtenberg begeret. Darauff S. Churf. G. obgemelter M. Balthasar / Probst zu Stutgarten zugeschickt worden:

der

### Heidelberg. Caluin. Predicanten.   23

der sich zu solchem Werck keines wegs eingetrungen oder angeworffen/ vnd also keines wegs auß seinem Beruff geschritten. Was nun die Caluinisten jme/vnd seinem Collegẹ (der auch ein Würtenbergischer Kirchendiener gewesen) in ettlichen Monaten zu Heidelberg für trew vn̄ gutthaten bewisen/das werden sie/ sonders zweiffels am besten wissen/ das weis ich aber wol/ daß gemelter sein Collega/ zu seiner widerheimkunfft in ein tödtliche Kranckheit gefallen/ vnnd niemandt darfür gehalten/ daß er derselben widerumb auffstehn würde. Hernach hat sich M. Balthasarus auch (nach seiner widerheimkunfft) vbel im Leib vnd Haupt befunden: derwegen er auch Artzney gebraucht/ wölche aber nicht zu widerlangung seiner vorigen Gesundtheit/ erschiessen wöllen: also daß er sich gar zu Bett legen müssen. Vnd als er befunden/daß sich mit der zeit ein Blödigkeit seines Haupts erzeigen möchte/vnd ein Melancholy bey jm ansetzen wölte: hat er/noch bey gar gutem richtigen verstandt/ ehrliche fürneme Leut (neben ettlichen Kirchendienern) zu sich erfordert/vnd vermeldet/ nachdem er sich in seinem Haupt je lenger je übler befünde/vnd besorgen müste/ daß er in ein schwere Hauptsblödigkeit gerhaten möchte/ wolte er hiemit zuuor sein Christliche Bekantnůs seines Glaubens thun/ bey deren er gedächt zuleben/vnnd (nach dem gnädigen willen seines himlischen Vatters) selig zusterben. Hat derwegen offentlich vor allen gegenwürtigen Personen bekannt/ daß er bey seiner Christlichen Lehr/die er/ so lang er im Ministerio gewesen/geführt/vermittelst Göttlicher Gnaden/biß an sein end/bleiben wolte. Deßgleichen/was er in der Reformation zu Heidelberg gehandelt/ darüber hette er so gar kein beschwerd in seinem Gewissen/ daß er sich vor Gott schuldig erkeñte/er solte noch mehr gethan haben. Darauff hat er das

D hoch-

**Abfertigung der Gegenwarnung/der** hochwürdig Abentmal vnsers HERRn Jesu Christi/mit Christlicher andacht vnd demut empfangen/vnnd sein Leib vnd Seel in die gnädige Hand seines himlischen Vatters demütigklichen befohlen. Deß volgendē tags hat das Hauptwehe vnnd Melancholy starck angesetzt/vnd hat er ein tag vmb den andern/paroxismos Melancholicos gehabt/wie ein dreytäglich Fieber zuthun pfleget. Wiewol nun in etlichen Wochen/weil dise Melancholici paroxismi gewehret/allerley mit Artzneien versucht worden/so haben doch seine Leibskräfften/je lenger je mehr abgenommen/biß er endtlich sanfft vnd still im HErrn entschlaffen/also rhůwig/daß die Personen/ so vmb ihne herumb gestanden/nicht eigentlich mercken können/wann jme die Seel außgangen.

Zweiffelt derwegen frommen Christen nicht/(wölche jne vil Jar gekennet/vnd von seinem trewen/grossen fleiß/den er im Kirchendienst vil Jar angewendet/zeugen können) er sey seliglich gestorben/vnd durch den Todt ins Leben hindurch getrungen. Daß nun die Caluinische vntrewe Warner/disen frommen/redlichen/Gottsfürchtigen/vnd Hochgelehrten theuren Mañ(auch nach seinem todt) nit rhuwen lassen/sondern seine Haupts vñ Leibsblödigkeit auffs allerergst außlegen:vnangesehē/dz damaln im gantzen Teutschland/die Melancholici morbi gar gemein gewesen:darā ist ir Geist vnd brüderliche (ja liederliche) Liebe/deren sie sich immerdar souil vnd hoch (one Grundt der Warheit) rhůmen/zuerkennen. Vnnd solten sie billich gedencken/daß sie den Todt noch nicht vberwunden: sondern jren etliche (weil sie so mutwillig/wider ir Gewissen/die reine Lehr widerfechten) noch wol bey gesundem Leib/vnd one Hauptwehe vnnd Melancholy/mögē dem Francisco Spierę nachfolgen:wölches ich inen nicht wündsche. Der allmächtig wölle auß jnen beke-

### Heidelberg. Caluin. Predicanten.

bekeren/ wer zubekeren ist/vnnd noch nicht zum todt gesün- 1.Joan.5.
digt hat.

Die Heidelbergische Caluinisten geben auch für/ daß die   A 3 fa.2.
Theologen in der Neuburgischen Obern Pfaltz/ Anno/ec. Ob die Neubur-
76. sollen Doctorem Iacobum Andreæ, Probst zu Tübin- gische Theologen/
gen/da er die Vbiquitetische Formulam herumb getragen/ sein fürhaben (die
ermahnet haben/ er handle wider seinen Beruff/solte seines Formulam Con-
Ampts daheimen außwarten: dann er kein Apostolischen verwisen haben.
Beruff/ weder mit Schrifften noch Wunderwerck könde
beweisen/ec. Nun weiß ich mich wol zuerinnern/ daß ein solche Schrifft/vnter der Neuburgischen Theologen Namen/
vor den Caluinisten vmb dieselbige zeit vmbgeschleifft wor-
den/mit deren sie sich auch wol gekützelt. Als aber der vrsach
gen Neuburg geschrieben/vnd Berichts begert/wie die sachen
mit gedachter Schrifft beschaffen: Haben sich selbige Theologen zum höchsten entschuldigt/ daß sie gemelte Schrifft
nicht gestelt/ sonder vnder jrem Namen fälschlich/wider jren
willen/von bösen Leuten/ were spargirt worden. Inmassen
auch hernach vnter Doctoris Heshusij namen/ ein schandt-
liche Schmach vnnd Lösterschrifft/wider Doctorem Iacobum Andreæ, Probst vnd Cantzlern zu Tübingen/außge-
sprengt worden. Auff welche hernach D. Heßhusius ein offentliche Schufft in truck außgehn lassen/darinn er ange-
zeigt/daß gedachte Lösterschrifft nicht von jhme gestelt/ sondern von einem gifftigen vnuerschembten Caluinisten er-
dichtet vnd außgebreitet worden. Derhalben die Haydelber-
gische Caluinisten / mit anmeldung obgedachter New-
burgischen Schrifft/ wol daheim geblieben wehren. Dann
man darauß zusehen/ wie redliche Leut etliche Caluinische
Schribenten sein/ wölche dürffen schändtliche Schmach-
schrifften außsprengen/ vnter dem Namen deren Leut/
denen solche ding in ihr Hertz nie kommen ist. Dieses
                             D 2     seind

**Abfertigung der Gegenwarnung/ der** seind aber nicht Theologische Werck/ sondern grosse Bubenstück/waß man Teutsch dauon reden/vnd das Kind mit seinem rechten Namen nennen soll.

*Ob die Christliche Predicanten in der Churfürstlichen Pfaltz/ auffrhürisch/vnd vngestüm predigen. A.4.fa.1.*

Es geben die vntrewe Gegenwarner auch für/ober vnnd wider die trewe reine Prediger in der Churfürstlichen Pfaltz: als ob alle tag auß allen Emptern/von den armen Vnterthanen/vñ zum theil von den Amptleuten/Klagen fürkommen/ober das vnbefügt auffrhürisch schreien vnd lästern vieler Prediger. Dise vermeindte Klag führen die Caluinische Concipisten an vilen orten in jrer Schrifft: wie sie auch etliche ort mit Namen benennen/an wölchen solche vnbescheidenheit soll von den Predicanten geübt worden sein. Nun kan ich nit wissen/was ein jeder Predicant in der Churfürstlichen Pfaltz auff der Cantzel rede: wie ich auch vnbescheidenes vnd auffrhürisches schreien (da dem also were) nicht könte loben. Wann aber der guthertzigen Vnterthanen in der Churfürstlichen Pfaltz/Klagen/solten gehört werden/ halt ich darfür/sie würden nicht ober jre Euangelische reine Kirchendiener/sonder ober die jenigen klagen/die jnen grösse vertröstungen gethan/daß in der Churfürstlichen Pfaltz/ in Religionssachen/einige enderung nicht solte fürgenommen werden: vnnd aber denselbigen zuwider/in wenig Wochen/die Vnterthonen jrer trewen Hirten beraubt/Wölffe an derselben statt eingesetzt/den reinen Catechismum Lutheri abgeschafft/vnnd die Caluinische falsche Lehr widerumb (wider jr hieuorig versprechen) eingeführet. Da auch gleich ettwo ein Kirchendiener oder zween/oder auch mehr/iusto dolore/vnd auß eifer wider die greuliche Zwinglische Verwüstung der Christlichen Kirchen/in der Churfürstlichen Pfaltz/scharpff vnd hitzig geredt hetten/wer wolt es einem auch

### Heidelbergiſſ Caluiniſ. Predicanten.

auch/ſo hoch verargen? Dann wölcher eiferiger rechtuer
ſtendiger Chriſt/kan mit kaltſinnigkeit von ſolcher Zerrüt
tung vnd zerreiſſung des Paradiß Gottes/in der Churfürſt
lichen Pfaltz/ nur hören: ich geſchweig/ ſelbige täglich vor
augen ſehen? So zweifelt mir auch nicht/ daß ettliche Cal
uiniſche Amptleut (wölche keinem reinen Diener Gottes/
diſe acht jar her jemals hold geweſen) milt gnug (der from
men reinen Predicanten halben) gen Hofe berichten / biß ſie
dieſelbigen endlich außbeiſſen: vnnd iſt nichts newes/ daß
der Wolff vber das Schaaff klagt/ es hab jme das Waſſer
betrübt: wann es gleich allerdings vnſchuldig iſt. Wie man
auch ſonſten ſagt im Sprichwort: Vt canem cedas, facilè
inuenias baculum. Was die Caluiniſten auff der Cantzel
wider die reinen Lehr löſtern/ das iſt nicht zuuil. Wann aber
fromme Prediger/warnungs weiſe/ ettwas reden/ſo iſt das
Feur gleich im Tach. Vnnd iſt mir nichts ſeltzams an den
Heidelbergiſchen Caluiniſchen Theologen/daß ſie die Sa
chen amptificirn/ vnnd auß einer Mucken ein Elephanten
machen. Dann wann ſie/vnnd ihres gleichens Caluiniſche
Scribenten/ an der erſten Lügen geſtorben weren/ ſo
hetten wir vil Jar her/ guten friden vor jhnen gehabt/vnnd
hette nicht vil ſchreibens / wider vnnd gegen einander be
dörffen.

Sie geben auch vns Lutheriſchen ſchuld/ wir ſtreitten für A. 4. fa. 2.
die Abgötter: wir thun der Abgötterey/ ſo der Bapſt mit den Ob die Lutheri
runden Hoſtien treibt/die Thür auff. Das meinen ſie alſo: ſche Predicanten
als ſolten wir mit vnſer Lehr/ vom H. Nachmal die Abgöt-ſtreitten?
terey in der Papiſtiſchen Meß befürdern vnnd beſtettigen.
Nun weiſt menniglich/ daß von vnſers theils Theologis/
mehr/ gründtlicher/ vnnd mit beſſerm eifer bißher wider die
Päpſtiſche Abgötterey (ſonderlich aber wider die Päpſtiſche

D 3     Meß)

Meß) geschriben vñ gestritten worden/dañ von den Zwinglianern beschehen. So weist auch menniglich/daß wir es mit den Papisten nicht halten/da sie glauben/das Brot werde in den Leib Christi verwandelt. Sie (die Caluinisten) wissen auch/daß wir das H. Sacrament nicht anbetten: sondern selbigs mit gebürlicher Reuerentz vnnd andacht empfahen. Dann wir lesen nicht in den Euangelisten/dz die Jünger Christi am Abentmal auffgestanden/vnnd das Sacrament/so jnen Christus dargereicht/angebettet haben. Dann die Sacramentliche vereinigung deß Leibs Christi mit dem Brot/ist nicht ein Persönliche vereinigung/wie die Gottheit vnd Menschheit in Christo miteinander persönlich vereiniget sein/vnd in alle ewigkeit vereiniget bleiben. Auch hat der HErr Christus zu seinen Jüngern im letzten Abentmal nie gesagt: Dises bettet an: sondern er hat gesagt: Nemet/esset. Darumb kommen wir disem befelch Christi nach/vnd betten nicht das Sacrament/sondern den HErrn Christum an: *Mat. 18. 28.* der auch ausserhalb deß Sacramentes/seiner Christlichen Kirchen/vnd also allen Glaubigen (vermög seiner verheissung) gegenwertig ist. Darumb ist es ein mutwillige boßhafftige Calumnia/da vns dise Caluinische Scribenten beschuldigen/als solten wir die Bäpstische Abgötterey/so sie in/oder ausserhalb der Meß begehen/verfechten/befürdern/oder bestettigen. Es ist aber den Caluinisten nit seltzam/daß sie vns vñ die Papisten/für einerley Abgöttisches Volck halten vnd außruffen: wie sie auch vnser gern/wie auch der Papist/loß weren/vnd leiden möchten/daß wir sie in der Welt nicht lang irreten. Derwegen sie vor etlichen Jharen zu Antorff in *Papisten tobt schlagen: Martinisten vtiagen.* einem Aufflauff geschriben: Man soll die Papisten zu tod schlagen/vnnd die Martinisten vtiagen. Vnnd ist der Caluinisten Eifer wider die runden Ostien (die allein

zu

### Heidelberg. Caluin. Predicanten.

zureichung deß H. Abentmals/vnd gar nicht zur Päbstischen Meß gebraucht werden) sehr groß/hitzig/feurig/vnd Seraphisch. Dann als vor etlichen wenigen jaren/ der Pfarherr zu S. (der mir wol bekant) im Niderlandt ein Heerprediger gewesen/ vnd vngefährlich/ etliche Caluinisten in sein (deß Pfarrhers) Losament kommen/vnd in einem Büchßlin etliche runde kleine Particul gefunden/ wölche der Pfarrherr mit sich geführt/daß er seine Kriegsleut (da einer kranck würde) mit dem H. Abentmal kondte versehen: Haben die Caluinisten selbige runde Particul/ auff die Erden geworffen/ sein mit Füssen darauff gesprungen/habens zertretten/ auch jre Seitenwöhren vnd Tolchen außgezuckt/vnd dermassen (auß lauter Christlicher Lieb/vñ Zwinglischem eifer) getobet/ daß sich der Pfarrherr anderst nicht versehen/ dann sie würden jne erstechen. Der Allmächtig Gott wölle vns vor der Caluinisten wütigem eyfer/ vñ vor deß Bapsts Blutgirigen Practicken bewaren.

*Exempel eines Caluinischen Eyfers.*

Sie geben ferner für: Es gelte die Concordia der trefflichen Männer/ Lutheri, Melanthonis, Buceri, Capitonis, vnerwogen / wie hoch vnnd hart dieselbig Concordia betheuret worden / nichts mehr/ wo mann sich nicht zu der Vbiquitisten vnnd Flaccianer Concordi bekennet. Hie reden sie on allen zweifel von der Concordi/ wölche zu Wittenberg An. 1536. zwischen Luthero vnd Bucero auffgerichtet worde. Vnd spacieren allhie dise Caluinistē / neben der warheit/auff zweien wegen. Dann erstlich geben sie für / als ob wir vnsers theils gedachte Concordi verwerffen/ vnd nicht mehr gelten liessen. Das ist die erste Lügen. Zum andern/stellē sie sich/als ob sie obgedachte Concordi durchauß/in allen Puncten angenommen/vnd dieselbige jnen warhafftig gefallē liesse. Das ist die ander Lügen. Dann so viel die erste anlanget/ weißt man

*B 1. f. 1. Ob die Concordia (zwischen Luthero vnd Bucero/ Anno/ 1536. zu Wittemberg auffgerichtet) von vns verworffen/ vnd von den Caluinisten angenommen worden.*

Abfertigung der Gegenwarnung/der mennigklich/dz wir die obgemelte Formulam/(so Anno/rc. 36. zu Wittemberg auffgerichtet worden) wider die Caluinisten/bißher verthediget/vñ vns von derselbigen nit habē treiben lassen. Vnnd ob wol der Sacramentirische Schwarm im Concordi Buch weitlduffitger/ vnd außführlicher widerlegt/so benimpt doch solche Außführung/der obgedachten Concordien nichts vberall:sondern bleibt einen weg/wie den andern in jhren Krdfften. Wie auch die Augspurgische Confession: deren gleichsfals durch das Concordi Buch nichts abgesprochen/sondern vilmehr dardurch confirmirt vnd bestettiget/vnd in jrem rechten reinen Verstandt erhalten würdt. Souil dann jr andere Lügen anlangt/wissen sie die Caluinisten/gar wol/daß die fürnembste Zwinglianer/ ndmlich/die Zürcher/(wie auch andere Zwinglianer mehr) die Formulam (so zwischen Luthero vnnd Bucero auffgerichtet worden) nie annemen wöllen: Wie Lauaterus (ein Caluinist) in seiner Historia außtruckenlich schreibt. So ist auch dieselbige Formula also gestellet/daß sie kein Caluinist vnterschreiben kan/er wölle dann seinen Caluinischen Irrthumb fallen lassen/oder aber/er wölle mit falschem Hertzen vnterschreiben: wie Arius endtlich das Nycęnum Concilium vnterschriben hat. Dann in gemelter Formula/stehen

,, dise lauttere wort: daß mit dem Brot vnnd Wein
,, warhafftig vnd wesentlich zugegen sey/vnnd dargereicht/
,, vnd empfangen werde/der Leib vnnd das Blut Christi.
,, Vnnd bald hernach stehen dise wort: Daß auch den Vn-
,, würdigen warhafftig dargereicht werde der Leib/
,, vnd das Blut Christi/vnnd die Vnwürdigen war-
,, hafftig dasselbig empfahen/so man deß HERrn Einsatzung

### Heidelberg. Caluin-Predicanten.

satzung vñ Befehl helt. Dise beide Stück kösten die Caluinisten nit annemen (dann es seind eben die Hauptpuncté/vber wölchen wir wider einander streitten) sie wöllen dann ein anders reden vnnd schreiben/ dann sie im Hertzen haben: wölches zwar bey jnen nicht seltzam ist. Hetten nun die Zwinglianer mehrgedachte Formulam Concordiæ angenommen/ oder wölten dieselbige noch von Hertzen annemmen: so were in disem Stritt/der Sachen schon geholffen. Das thun sie aber nicht/sondern lehren/schreiben vnnd verthedigen halßstartziglich das Widerspil / dessen/ das in vilgedachter Formula Concordiæ/von Luthero vnnd Bucero vnterschriben ist/darumb ists ein grosse Boßheit/daß sie mit falschem Hertzen vnter selbige reine Formulam schlieffen / vnnd also die Kirch Gottes mit Gleißnerey betriegen/ vnnd blenden wöllen.

Sie Fabulirn auch ferners/ daß der fromme Churfürst/ Pfaltzgraue Ludwig/lobseligster gedächtnus/ zur Subscription der Formulæ Concordiæ/ gleich genötiget worden. Nun ist das Werck der Concordi damaln angefangen worden/ da höchstgedachter Churfürst / Pfaltzgraue Ludwig/ noch nicht in der Churfürstlichen Regierung gewesen: Es haben aber dannoch jre Churf. G. auch damaln ein groß gefallen daran gehabt/vnd andere Potentaten gebetten/daß sie mit selbigem Werck fortschreitten wolten. Hernach aber/ als es an dem gewesen/ daß es vnterschriben/vnd durch den Truck publicirt werden sollen: haben sich ettliche Leut starck in den Weg gelegt/vnnd jr eusserst vermögen versucht/daß sie S. Churf. G. möchten von vnterschreibung deß Concordi Buchs abhalten. Dieweil aber S. Churf. G. nie bedacht gewesen/ sich von selbigem Christlichen Werck abzusöndern/vñ doch S. Churf. G. allerley Scrupuli von denen

*B. 4 fu.1.*
*Ob der Churfürst Pfaltzgraue Ludwig/seliaster gedächtnuß/zur subscription der Formulæ Concordiæ getrungen worden.*

leuten

Abfertigung der Gegenwarnung/der Leutten eingeworffen worden/wölche es zuuerhindern begerten/haben vil vnd höchstgedachte S.Churf.G.ein zeitlang ettwas an sich gehalten. Als aber die publication notwendig/ vnnd nicht lenger auffzuhalten war: ist von S. Churf. G. begert worden/sie solten sich allein resoluirn/ob sie jren Namen im Concordi Buch haben wolten/oder nicht: damit man köndte mit der Publication derselben ein weg wie den andern/fortgehen. Darauff/S.Churf.G.sich endtlich resoluirt/vnd in die Publication des Concordi Buchs (auch vnter jhrer Churf.G.namen) gnädigst bewilligt. Darumb/ wann die Caluinisten fürgeben/daß S. Churfürst.G.zur Subscription gleich genöttiget worden / so sparen sie die Warheit/wie zwar jmmerdar jr gebrauch ist. Wie/wann ich aber sie hinwiderumb fragte/wer den Caluinisten disen Gewalt gegeben/daß sie (wider das Churfürstliche Testament) den jungen gebornen Churfürsten / mit Gewalt/ vnd wider seinen willen / in die Caluinische Predig zwingen? daß er muß (mit weinenden Augen) der Caluinisten falsche Lehr vnd Lösterungen anhören: vnnd dagegen nicht mehr jm gestattet würdt/ die reine Prediger des Göttlichen Worts zuhören. Wie sie dises vor Gott vnd der Welt verantworten wöllen/das gib ich jnen zutreffen.

*Der junge Churfürst würdt gezwungen/Caluinische Prediger zuhören/vnd reine Prediger zumeiden.*

B. 4 fa 2. C 1. fa.1.
*Ob in der Churfürstlichen Pfaltz allein die vberflüssige vnd vngerahmme Prediger abgeschafft werden.*

Es bemühen sich die Caluinische Concipisten sehr/ die Leut zubereden/als ob in der Churfürstlichen Pfaltz allein die Kirchendiener abgeschafft werdē/die eintweder vberflüssig gewesen/oder gegen denen man sonsten wichtige vnd erhebliche vrsachen gehabt. Gleich als ob man nicht ein vrsach ab einem Zaun brechen köndte/waū man reine prediger verstossen will. Sie vrlauben täglich einen nach dem andern/vnnd schieben Caluinistē an die Lückē/ das weißt in der Churfürstlichen Pfaltz das Kind auff der Gassen : vnnd erfahrens die arme

## Heidelberg. Caluin. Predicanten.

arme Vnterthanen mit kläglichen seufftzen vnnd weinen. Dannoch wöllen dise Erbare Gesellen alle Welt eines andern bereden: als ob man jhren Processum nicht verstünde. Dann solten sie alle reine Predicanten auff einmal hinweg jagen/besorgē sie villeicht/diß Gepolder möchte zu laut sein/ vnd den Christlichen Potentaten ein seltzam nachgedencken machen. Zu dem/glaub ich/daß jnen auch dises im weg stehe/ daß sie nicht getrawen/ in einer eil souil Zwinglische Predicanten zubekommen/mit denen sie die Kirchendienst besetzen könten/ Wie ich dann glaubwürdig bericht worden/dz in der ersten Zwinglischen Reformation der Churfürstlichē Pfaltz/ Schuster/ Schneider/ Roßteuscher/ Würtzkrämer/ Hackenschützen/Stockfisch Händler/ Fänderich/rc. für Predicanten angenommen vnd auffgestelt worden sein sollen.

Es haben sich auch die Caluinisten jhrer Disputation/so sie zu Heidelberg newlich gehalten/nit hoch zurhümen. Daß wie der Præsident/ Doctor Ioannes Iacobus Gryncus, das maln bestanden/werden in kurtz ettliche Schrifften/so publicirt werden sollen / gnugsam anzeigen. Souil weiß ich/daß nach vollendter Disputation ettliche Personen/ (Edel vnnd Vnedel) so derselbigen beygewohnet/vnd zuuor Caluinisten gewesen/sich offentlich vernemmen lassen/daß sie die tag jres lebens sich für der Caluinischen Lehr forthin hüten wöllen. Darumb es dann/der Caluinisten halben / nicht vbel angesehen worden / wann ein Lutherischer wider den Caluinischen Præsidenten opponirt vnnd disputirt hat: der Præsident aber nicht gewußt/wo hinauß/daß alßdann dem Lutherischen Opponenten silentium imponirt / vñ er schweigen hat müssen/vnangesehen/daß jhm auff sein Argument noch nicht gnugsame Antwort erfolget. Darumb ist es ein schlechte Gnad/daß die Caluinisten ein solche Disputation

*E. 1. fa. 1.*
*Caluinische Disputation zu Heidelberg.*

**Abfertigung der Gegenwanung/ der**

zum schein/gehalten haben: nachdem sie allbereit etliche fürneme Kirchendiener verjagt/vnd jetzt nach derselbigen ferner einen Pfarzherrn nach dem andern/ mit Weib vnd Kinden/ hinauß ins elend stossen.

*C.1.f.1.1.*
*Warumb die Lutherische Theologi kein newe Disputation mit den verstockten Caluinisten angestellet.*

Daß aber in der Christlichen Reformation der Churfürstlichen Pfaltz/die Theologi/so darzu verordnet gewesen/ sich nicht in vnnöttige Disputationes mit den Caluinisten einlassen wöllen/ist jnen nicht zuuerargen gewesen. Dann es ist bißher vil vnd gnug/mit den halßstarzigen Caluinisten disputirt worden: hat doch bey jnen wenig Frucht geschafft. Da aber jemandts hette freundtlichen Christlichen Bericht wöllen einnemen/ were jhm selbiger gewißlich auffs getreulichst mitgetheilt worden.

*C.1.fa.2.*
*Ob die Caluinische Predicanten vor etlichen Jaren so vnbescheidenlich von jren Diensten (als fürgeben würdt) verstossen worden.*

Sie klagen auch / daß vnter Pfaltzgrauen Ludwigen/ Churfürsten/Christseligster gedächtnuß / Christlichen Reformation/mancher Pfarrherr: hab mitten in der nacht ernstliche Befelch empfangen/daß er den Pfarzhoff alsbald raumen solte. Diß mag villeicht war sein/oder nicht: Wer wolt aber damals bey der Cantzley zu Heidelberg gewust haben/ ob der Befehl den Pfarzherrn vmb Mitternacht/ oder am Mittag würde antreffen. Vnd ist wol müglich/daß solches/ on alle gefahr vnnd fürsatz/ ein einigemal sich begeben hab. Darauß machen die Concipisten gleich als ein General. Daß auch etliche Befehl villeicht ettwas ernstlicher gestelt worden/ ist der Caluinischen trutziger Geist daran schuldig gewesen. Dañ mir wol wissend/ daß vnter den Caluinischen Theologen/einer/ nicht auß der Pfaltz weichen wöllen (vnangesehen / daß jhm sein Vrlaub zeitlich vnnd bescheidenlich gnug angekündet) biß der fromb/ vnnd sonst sanfftmütig Churfürst / selbst jhm zugeredt / vnnd gesagt:

### Heidelberg. Caluin. Predicanten.

vnd gesagt: Wann er nicht fort wölle/so werden seine Chur.
G. jm müssen Füsse machen. Vñ da den Caluinisten were zu
gesehen worden/ hettē sie sich/ (mit mehrerm Verderben der
Kirchen Gottes) jrem angebornen Lands vnd Churfürsten
zu trutz/in der Churfürstlichen Pfaltz/vnd bey den Pfarrhen
in die leng auffenthalten/ vnd den reinen Kirchendienern/die
man bey der hand gehabt/nicht platz vnd raum gegeben. Mitt
was Gelindigkeit aber vnd Bescheidenheit vor etlichen Jaren in der Caluinischen Reformation gegen den reinen Lehrern vnd Pfarrhern verfahren/weißt man auch wol. Ich bin
glaubwürdig berichtet worden/ daß etliche Kirchendiener
damaln vnter den Galgen geführet/ vnd daselbsten jnen das
Vrlaub verkündige worden. Dem Pfarrhern zu D. ist in einer vierteil Stund das Pfarrhauß zu raumen gebotten worden. Vnd ob er wol damaln ein franck Kindlin gehabt/ das
in den letsten zügen gelegen/ hat er doch nit so lange Dilati-
on vnd Auffzug erlangen mögen/ biß das arme Kindlin seinen Geist auffgebe: sondern hat also/ in seinen letsten zügen
müssen auff die Gassen herauß getragen werden: da es dann
gestorben/ ehe es in eins Nachbaurē Hause gebracht werden
mögen. Vñ zu Befürderung deß außziehens (damit der gut
fromme Pfarrher desto weniger mühe haben müsse) seind jm
seine Bücher zum Fenster hinauß auff die Gassen geworf-
fen worden. Solche Exempel der Caluinischen Sanfftmut
vnd Bescheidenheit hetten die Concipisten bey sich betrach-
ten sollen/so würden sie villeicht jr vnnotwendige Klag (von
den ernstlichen Befelchen/ so zu Mitternacht vberantwort
sollen sein) eingestellet haben.

  Es bemühen sich die Caluinische Theologi sehr/ mä-   E.2. fa 2.
niglichen zubereden/ als ob die Chur vnd Fürsten der Aug-   E 3 fa 1.2.
spurgischen Confession/in die Condemnation oder verdam-   E.4. fa.1 2.
         E 3    mung

**Abfertigung der Gengenwarnung/der**

*Ob den Chur vnd Fürsten Augspurgischer Confession die Verwerffung vnnd Verdammung der Zwinglischen Lehr zuwider.*

mung der Zwinglischen Irthumb nie einwilligen wöllen: Zühen sich in disem Puncten auff den Franckfurtischen vnnd Naumburgischen Receß/ vnnd auff ein Vergleichung/ wölche zwischen dem in Gott seliglich entschlaffenen Churfürsten/ Pfaltzgraffen Ludwigs/ seligster Gedächtnuß/ vnnd Hertzogen Johann Casimiro/ ꝛc. soll vor etlichen Jharen auffgerichtet worden sein/ daß nämlich/ die Condemnationes oder Verdammungen der Caluinischen Lehr solten eingestellt werden. Geben auch für/ als solten die Chur vnnd Fürsten fälschlich beredt worden sein/ daß in dem Concordi Buch kein Condemnation der Caluinischen Kirchen begriffen seie: Vnd bilden den Leuten ein/ als ob es nunmehr etliche vorneme Fürsten vnnd Rhät gerauwen hette/ daß sie sich ins Concordi Werck eingelassen: als die mit dem Concordi Buch iren Scopum der gewünschten Concordi nicht erreichet/ sondern in grossen Vnkosten/ vnnd weitere Trennung geführt sein solten. Vnd muß endtlich auch Doctor Heshusius jnen zu hülff kommen/ der sich beklagt/ daß er vnnd die Nidersächsische Kirchen durch die im Concordi Buch versteckte Vbiquitet betrogen. ꝛc. Was nun den Franckfurtischen vnnd Naumburgischen Receß anlanget/ weißt man wol/ daß damaln die Chur vnnd Fürsten nicht für rahtsam angesehen/ daß in dieselbigen Abschid ein offentliche Condemnation oder Verdammung deß Zvvinglianismi gesetzt würde. Vnd haben damaln jre Chur vnnd Fürstliche Gnaden jre sondere Vrsachen (etlicher Hoher vnd Fürnemer Personen/ auch anderer Vmbständ halben) gehabt. Daß aber jrer Chur vnnd F. G. Meinung gewesen/ daß der Zvvinglianismus jmmerdar solte vnuerdambt vnnd vnuerworffen fort passirn/ vnnd vnter dem Namen der Augspurgischen Confession propagirt vnd fortgepflantzt

### Heidelberg. Caluin-Predicanten.

gepflantzt/vnnd von den reinen Theologen nicht solte widerlegt vnd verdambt werden/ das ist den Christlichen Chur vnnd Fürsten in jren Sinn nie kommen: das weisen jre andere Handlungen in Religions sachen gnugsam auß. Vnnd ist wol müglich/ vnnd glaublich/ wann etliche Chur vnnd Fürsten (auff dem Franckfurtischen vnnd Naumburgischem Tag) jhre Caluinische Räht vnnd Theologen so wol gekennet hetten/ als sie selbige hernach erkennen lernen/ es möchten beide bemelte Abschid also formirt vnnd gestelt worden sein/ daß die Caluinisten sich dero wenig würden berhümbt haben: Wiewol auch also die bemelte beide Abschid (wann sie in dem Verstand/ den der Buchstab an jm selbsten gibt/ angenommen werden) den Caluinisten nicht fürstendig sein. Daß aber seidher Höchst vnnd Hochgedachte Chur vnnd Fürsten souil erfahren/ daß die Verdammung deß Zwinglischen Irthumbs lenger nicht einzustellen/ sondern ein grosse vnnd vnuermeidenliche Noturfft/ diß beweisen jhrer Chur vnnd Fürst. G. eigne Namen/ die sie mit eigen Handen vnter die Originalia deß Concordi Buchs verzeichnet/ vnnd mit jhren Chur vnnd Fürstlichen Secreten confirmirt vnd bestettiget. Vnnd wann dise Caluinische Scribenten die Leut eines andern bereden wöllen/ so thun sie im Grund nichts anders/ dann daß sie den Leuten wöllen die Augen außreissen/ daß sie nicht sehen sollen/ wölche Chur/ Fürsten/ vnnd Ständ/ wissentlich vnnd wolbedächtlich/ dem Concordi Buch vnterschrieben/ vnd in demselbigen den Zwinglischen Irthumb verworffen vnnd verdampt haben. Vnnd ob gleich (durch etlicher/ zum theil Caluinischer Räht Vnderhandlung) vor etlichen Jaren zwischen höchstgedachtem

*Pfaltz-*

Pfaltzgrafen Ludwigen Churfürst/ seligster Gedächtnuß/ vnd Hertzog Johann Casimiro ꝛc. etwas fürgeloffen sein möchte/ die Condemnationes einzustellen: so ist solches doch hernach durch die nachuolgende Subscription deß Cõ-cordi Buchs/ widerumb gefallen/ auffgehebt vnd cassirt worden. Vnd spotten die Caluinisten/ wann sie fürgeben/ daß im Concordi Buch die Kirchen (in denen auff der Cantzel Caluinische Lehr geführt würdt) verdampt werden. Dann jr falsche Lehr würdt verdampt: Die halsstarrige verstockte Lehrer/ vnd solche Zuhörer/ wölche der warheit vberzeugt/ vnd doch derselben nicht weichen wöllen/ werden verdampt: Vnd bleiben dannoch vnter den Caluinischen Gemeinen vil einfeltiger Leut/ wölche dise Controuersiam nicht verstehn/ sondern einfeltig den worten Christi glauben/ da er gesagt: Das ist mein Leib: das ist mein Blut. Mir zweiffelt auch nicht/ daß deren ein grosse Anzal/ im Schweitzerland/ in Niderland/ vnd in Franckreich/ wölche vnsere reine Lehr mit Freuden vnd grosser Danckbarkeit anneme̅ würden: wann sie allein reine Lehrer haben möchten. Solche Leut verdammen wir nicht/ sondern hoffen/ der Allmächtig werde sie dessen nicht entgelten lassen/ daß sie im Articul vom heiligen Nachtmal nicht gnugsamen Bericht haben. Weil sie sonsten all jr Vertrawen auff den einigen Heiland Christum wahren Gott vnd Menschen/ setzen/ vnnd vmb Bekantnuß jres Erlösers willen/ Hab vnd Gut/ Weib vnd Kind/ auch Leib vnnd Leben lassen.

*Wann gleich Doctor Heshusius v̅ der FormulaConcordiæ abwiche/ so würde darumb das Concordi Werck nicht zu grund gehn.*

Was Doctorem Heshusium belanget/ mag sich derselbig verantworten/ nach seiner Gelegenheit. Das ist aber einmal war/ daß er die Formulam Concordiæ mit seiner Hand/ vngezwungen vnnd vngetrungen/ vnterschriben/ vnd hernach in einer offentlichen Schrifft/ im Truck/ dem All-

mächtigen vmb des Concordi Buch gedanckt / Vnd damaln vber die Vbiquitet (das ist/ vber dem Articul von der Person vnnd Maiestat Christi) nicht ein Wort geklagt: Dann er eben dise Christliche Lehr zuuor in vilen seinen getruckten Schrifften geführet. Da er aber jetzt dauon fallen/ vnnd fürgeben wölte / es were dise Lehr im Concordi Buch versteckt/ vnnd er were betrüglich hinder das Liecht geführt worden/ köndte er selbsten erachten/ daß jme ein solches (als einem sonsten Hochgelerten Man) niemandts glauben würde. Dann ja die Lehr von der Maiestet deß Menschen Christi (wölche die Caluinisten die Vbiquitet nennen) nicht mit tuncklen verschlagnen Worten/ sondern mit vilen Sprüchen der Schrifft/ vnnd Gezeugnüssen der alten Heiligen Vätter/ darinn erwisen / vnd durch vil Bletter gewaltig erklärt ist: also/ daß freylich ein Theologus müste das Hirn gewäschen gegeben haben/ der das Concordi Buch gelesen/ vnd die Lehr von der Person vnd Maiestet Christi nicht solte darinn lauter vnd klar funden haben. Da auch gleich nit allein D. Heshusius, sonder andere mehr Theologi widerumb von der Concordi abfielen/ würdt die Concordi/ vmb jren Willen/ darumb nicht zu hauffen fallen. Paulus schreibt an seinen lieben Jüngern Timotheum: Das weissestu/ daß sich verkhert habe von mir/ alle die in Asia sind. 2c. 2 Tim 1.
Vnnd ist dannoch vmb solcher vnbeständigen Watterhanen willen der Christliche Glaub nicht zu grundt gangen. So weiß ich auch/ die Christliche Chur vnd Fürsten/ so das Concordi Buch mit eigen Handen vnterschriben / so beständig / daß sie sich nicht durch ein jeden Windt von dem Concordi Werck abwenden/ noch jnen dasselbig/ durch falsche böse Leut/ erlaiden lassen. Darumb/ wann die Caluinische Theologen auff vornemme Fürsten liegen wolten/ solten sie

Abfertigung der Gegenwartung/der
sie selbige mit Namen nennen/so köndten sich solche Potentaten wider solche Lügner vnnd Verleimder (jrer Fürstlichen Ehren notturfft nach) verantworten.

*D. 1. fa. 1.*
*Caluinisten ferbē*
*jr falsche Lehr.*

Wölcher Gestalt aber die Concipisten jr falsche Lehr vom
heiligen Nachtmal (an disem ort jrer Schrifft) zuferben vnd
zuuerstreichen begeren/ist von selbigem Puncten gnugsamer
Bericht/im ersten Theil diser meiner Antwort/beschehen/
vn̄ lauter erwisen/dz sie kein wahre gegenwertigkeit deß Leibs
vnnd Bluts Christi im heiligen Nachtmal glauben: sondern jre schlüpfferige Bekantnuß anderst nicht daß Gauck-
lerey/Præstigiæ, Imposturæ, vnd eitel Spiegelfechten seine/
darmit sie den einfeltigen/wölche jr Rotwälsche Sprach
nicht verstehn/das Maul auffsperren/sie narren/vnd fürsetzlich mit gelehrten Worten betriegen.

*Der Caluinisten*
*Scorpion stich*
*gegen D. Luthern*
*D. 1. fu. 2.*

Da auch die Caluinische Scribenten Doctor Luthern/
vn̄ Caluinum gegen einander halten/geben sie dem theuren
Mann Gottes/Luthero/ein Scorpion Stich/in dem sie
vermelden/daß Caluinus kein Münch (wie Lutherus) ge-
wesen/vnnd daß Doctor Luther/als ein Münch/im Bab-
stumb seer tieff gesteckt.ꝛc. Hie verschlagen dise gifftige Leut/
das Doctor Luther/da er gebetten/daß man mit seinen er-

*In der vorred*
*vber den ersten*
*Tomum Witten-*
*berg.*

sten Schrifften gedult haben wölle/nicht von seinen Scriff-
ten gehandelt/die er von Anno/ꝛc. vier vnd zweintzig/biß
an sein selig End/außgehn lassen/sondern von denen
Schrifften redet/da er allererst angefangen zuschreiben/
vnnd noch in ettlichen Articuln/die Bäbstische Lehr für
recht gehalten. Vnnd dise Calumniam bringen die Caluinisten auff die Ban/daß man Doctorn Luthern/die tag seines lebens/soll für einen Münch halten/der sich auch biß ans
end/der Münchischen vnd Bäbstischen Lehr nicht allerdings
habe entschlagen können. Vnnd das ist die Ehr/wölche
die

### Heidelberg. Caluin-Predicanten.

die Hocherleuchte Caluinisten Doctori Luthero (als einem gemeinen Baccalaureo Theologiæ) jedoch für seine grosse mühe vnnd arbeit/ die er der Kirchen Gottes trewlich geleistet/beweisen. Vnd muß dagegen Caluinus der trefflich Mann sein/ der die Schrifft Altes vnd Newes Testaments vber die massen gewaltig vnnd also erklärt/ daß durch desselben Schrifften alle fürneme Ketzereyen/ so zu vnsern zeiten entstanden/widerlegt worden seien. Wan aber Caluinus Luthers Schrifften nicht gelesen/ würde er den Papisten/Widerteuffern/ vnd andern Sectarijs wenig Zeen außgebrochen haben : Wiewol Caluinus in Außlegung der heiligen Schrifft/offtermaln mit den Juden zimlich zu dantzet/ vnnd mehr auff der vnglaubigen Juden außlegungen/dan auff der Apostel Schrifften (in denen die Sprüch deß Alten Testaments angezogen werden)sihet.

*Ob D. Iacobus Andreæ deß Caluini discipulus sey*

Vnnd allhie geben die Caluinisten auch Doctori Iacobo Andreæ, Probst vnnd Cantzlern zu Tübingen / ein Stich/ daß er etwo vor diser zeit soll Caluinum, seinen Præceptorem genennet haben. Es sey aber Doctori Iacobo gut / daß Caluinus selbst in zweien Episteln/ welche vnter andern Epistolis im Truck sein/ offentlich bekennet/ daß gleichwol Doctor Iacobus freundtlich vnnd bescheidenlich vom heiligen Nachtmal in Schrifften mit jhm conferirt / aber doch nicht seiner Caluinischen Meinung/ sondern deß Luthers Lehr/ beifall thue. Welches Zeugnuß Caluini selbsten Doctorem Iacobum gnugsam entschuldiget/daß er seiner Meinung nie gewesen/ ob er jhne gleichwol sonsten für ein gelehrten Mann (gegen die Papisten zu gebrauchen) gehalten.

F 2     Es

Abfertigung der Gegenwarnung/ der

*D.2.fa.1.*
*Ob die Lutherische Predicanten den Bäpstischē bē CATHOLISCHEN Titel eingeraumbt.*

Es were auch den Caluinischen Theologen wol vberblieben/ da sie sagen/ die Lutherischen haben mit grossem Spott vnnd Verkleinerung der Euangelischen Kirchen/ den Papisten/ den Tittel der CATHOLISCHEN eingeraumbt vnnd folgen lassen. Vnd damit es der Leser nicht vbersehen möchte/ haben sie am Rand herauß gezeichnet: Schand. Wann nun die Caluinische Concipisten die Lutherische Theologen dessen bezüchtigen/ daß sie den Papisten disen Tittel eingeraumbt/ so gehn sie abermaln (wie die Blinden) an den Wänden. Sie mögen jre Politische Leut darumb fragen/ wer den Papisten disen Tittel eingeraumbt. Dann vnter den Caluinischen Politicis findet man etliche/ wölche sich vnuerholen vernemmen lassen/ wann man von Theologischen sachen tractirn wölle/ so müsse man die Theologos daheim lassen/ sonsten werde nichts fruchbarlichs außgerichtet. Haben nun etliche silberne Leut (wölche etwo von jrer Herren wegen die Præeminentz haben wöllen) den Papisten mit disem oder andern Titteln vil eingeraumbt/ so mögen sie dasselbig vor Gott/ jrer Obrigkeit/ vnnd der Christenheit verantworten/ vnd vnschuldige Christliche Herrn/ vnd arme trewhertzige Kirchendiener vnstumpfiert lassen.

*D 3 fa 1.*
*Ob die Lutherischen Theologien freien Synodū leiden mögen.*

Ein grosse Vermessenheit aber ists/ daß sie schreiben: Solt mau (sprechen sie) heut in einer freien Versamlung das Vrtheil der Euangelischen Kirchen anhören/ würde sich finden/ daß sie vnsere Christliche Lehr (scilicet) gutheis„ sen/ vnnd aber vber Osiandrum vnnd seine Consorten kla„ gen/ auch klärlich darthun würden/ daß sie nichts richtigs „ von den heiligen Sacramenten lehrten/ vnd die vornembste „ Articul deß Glaubens verkherten. Darumb auch dise Herrn „ (sagen sie) von keinem freien Synodo etwas hören oder wissen

### Heidelberg. Caluin. Predicanten. 43

wissen wöllen. Bißher die Caluinisten. Es begern die Caluinisten jetzt ein lange zeit/eines Synodi oder zusamen kunfft fürnemer Theologen. In derselben Versamlung aber wöllen sie haben Newenstattische Caluinisten/Schweitzer/Engelländer/Frantzosen/Niderländer/Schotten/Poln/ vñ in. Summa auß allen Ländern/in denen die Zwinglianer den Predigstul innen haben: Inmassen sie sich deßhalben in offentlichen getruckten Schrifften gnugsam erkläret. So wissen sie/daß in ettlichen Herrschafften deß Teutschlandts/ sie auch vil heimlicher Brüder vnter den Predicanten haben/ wölche vor jrer Obrigkeit die Caluinische Lehr verläugnen/ vnnd doch selbige im Hertzen haben. Derwegen verhoffen sie/wañ es zu einem solchen Synodo kheme/so wolten sie vns vberstimmen vnd vberschreien. Nun seind wir vnsers theils bereit vnd vrbültig (wann es vnser Christliche Obrigkeit für nützlich vnd notwendig ansihet) in einem Synodo/ wo man will/zuerscheinen/ vnd vnser Christliche Lehr auß Gottes Wort zubeweisen/vnd wider die Caluinisten / vnd alle andere jrrige Lehrer/vermittelst Göttlicher Gnaden zuerhalten. Ob es aber der Christenheit nützlich vnd heilsam/ein solchen Synodum (darinn ein solche grosse anzal Caluinisten) zuhalten/das ist wol bedenckens werdt. Wann man aber ein Synodum zusammen beschrieb/deren Theologen/so der Augspurgischen Confession in Warheit zugethan/zweiffelt mir nicht daran/es würden die Caluinisten mit allen jren Caluinischen Jrrthumben/rund vnd lautter verworffen / vnd verdampt werden. Vnd würde sich befinden/ daß es ein offentliche Lügen/da sie fürgeben/das Vrtheil der Euangelischen Kirchen / würde die Caluinische Lehr gut heissen/vnnd vber Osiandrum vnd seine Consorten klagen/daß sie nichtes richtiges von H. Sacramenten lehrten/vnd die vornembste Ar-

F 3      ticul

**44** Abfertigung der Gegenwarnung/ der

ticul deß Glaubens verkherten. Da sie auch durch einen
freien Synodum/verstehen/ ein Christlichen Synodum/in
dem reine vnd Gottselige Kirchendiener versamlet/ vnd vns
zumessen/daß wir ein solchen Synodum nicht leiden mögen:
thun sie vns hiemit gewalt vnd vnrecht. Heißt inen aber ein
freier Synodus/ein solche versamlung/in deren vil Theolo-
gen/die der Augspurgischen Confession nicht zugethan/ sitzen sollen/ kan ich nicht sehen/ warumb sie nicht auch der
Widertäuffer Vorsteher / fürneme Schwenckfeldianer/
Arianer auß Sibenbürgen/ vnd klein Poln/Dauid Geor-
gianer auß dem Niderland / vnnd andere mehr Sectarios
vnd Schwarmgeister/in einem solchen Synodo nidersetzen
sollen. Das würde aber zumal ein herrlicher Synodus sein/
darinnen (respectiuè/gegen dem grossen theil der Schwer-
mer) ein Hand voll Hirten/vnd dagegen ein gantzer Hauffe.
Wölff/Beren/Löwen/vil andere vngeheure reissende Thier

Act. 20. weren/wölche der Herd Christi nicht verschonen / vnnd den
Weinberg des Herrn verwüsten vnd zerwülen. Wann aber
den Zwinglianern souil an eim Synodo gelegen/ warumb
haben sie nit An. ıc.30. so starck auff ein Synodum getrung-
en? da allwegen wol zehen reine Euangelische Kirchendiener waren/ehe man einen Zwinglianer hette funden? Aber
damaln haben sie nicht laut nach einem Synodo geschrien:
jetzt begeren sie eines Synodi/dieweil sie wissen/daß schier in
jedem Winckel ein Caluinist sitzet. Solcher Synodorum
haben auch vor zeitten die Arianer begert/ auch ettliche er-
langt: aber fromme vnd trewe Lehrer (als Athanasius / vñ
seines gleichen) haben sich mit solchen Leuten nicht einlassen wöllen/ wie den Caluinisten auß der Kirchen Historien
nicht vnbewußt ist. Wir tragen aber vnsers theils ab einem

Christ-

### Heidelberg. Caluin. Predicanten.

Christlichen freien Synodo oder Concilio (wie hieuor gemelt) gar kein abscheuhens: wann man allein in demselbigen lässet Gottes Wort Richter sein.

Es wolten auch die Caluinische Concipisten/ gern den Durchleuchtigen Hochgebornen Fürsten vnd Herrn/ Herrn Christoffen/ Hertzogen zu Würtenberg/ꝛc. Christseliger gedächtnus/ zu einem Patrono vnd Aduocaten jhrer Caluinischen Lehr machen. In dem sie erzehlen (auß einem Heidelbergischen Protocoll) das An. ꝛc. 62. Hochgedachter Fürst/ soll vor dem Hertzog von Guise/ den Theodorum Bezam entschuldiget haben/ vber den worten/ da er geschrieben/ daß der Leib Christi/ so weit von dem H. Nachtmal/ als der hohe Himmel von der Erden sey: daß/ nämlich/ solches allein von einem crasso modo, oder grober weiß/ verstanden/ vnnd dise Rede allein dem Abgöttischen Bapsthumb entgegen gesetzt. Wie sie auch auß einem Protocoll erzehlen/ daß mehr vnnd hochgedachter Fürst/ dem Cardinal von Lottringen soll gesagt haben/ daß die Frantzösische Kirchendiener/ in keinem Articul/ dann im heiligen Nachtmal/ von der Augspurgischen Confession discordirten: were aber dermassen geschaffen/ daß verhoffenlich/ ein gute vergleichung zutreffen sein möchte/ dann mehr der Streit in verbis were/ dann daß man sonsten so weit von einander sein solte/ ꝛc. Nun hab ich die Protocolla/ wölche die HeidelbergischeConcipisten anzieht/ vnd (wie sie fürgeben) bey Handen haben/ nicht gesehen. Das weiß ich aber wol vnd gründtlich/ daß in den Würtenbergischen Actis, wölche fleissig durchsucht worden/ nichts dergleichen funden worden. So weiß ich auch nicht/ wie getreulich die Concipisten auß den Heidelbergischen Actis referirn. Dann es sonsten bey den Caluinisten nichts seltzames/ daß sie/ auch auß getruckten Büchern (die doch

*S. 1. fa 1.*
Ob Hertzogog Christoff zu Würtenberg/ der Caluinischen Lehrer vnd Irrthumb Patronus gewesen sey.

*S. 3. fa 2.*
*S. 4. fa 2.*

jederman bekommen vnd lesen kan) dürffen anziehen/ zu jrem
glimpff/ das in denselbigen nicht also befunden wirdt. Daß
jetzt setzen sie ein Wörtlin oder zwey hinein/ oder verschwei=
gen ein wort schalckhafftig/daran doch vil gelegen: oder ver=
setzen die wort mutwillig/daß sie ein andern verstandt geben/
dann es von dem Authore gemeindt worden. Darumb laß
ich jhr Relation auß dem Heidelbergischen Protocoll/ auff
jrem werth vnd vnwerht beruhen. Gesetzt nun/ daß Her=
tzog Christoff/ hochlöblicher gedächtnuß/ vor dem Hertzogen
von Guise (als einem grossen Papisten/ vnnd verfolger der
Euangelischen Kirchen in Franckreich) dem Theodoro
Beza/ sein vnchristliche Red zum besten gedeuttet: damit der=
selbigen nicht vil tausent einfältige vnd guthertzige Christen
in Franckreich (wie die Sachen zur selbigen zeit/ auffs aller=
gefährlichste stunden) entgelten müsten: Daß auch S.F.G.
vor dem Cardinal von Lottringen/ den Zwispalt vom heili=
gen Nachtmal/ zwischen vns vnd den Caluinisten/ nicht ha=
be scherpffen/ sondern auffs glimpffigst damaln (auß erst er=
zölter vrsach) dauon reden wöllen: damit auch S.F.G. nit
möchten beschrait werden/ als ob sie den Cardinal von Lot=
tringen/ vnd Hertzogen von Guise/ wider die arme betrangte
Christen in Franckreich hetzen wölte: Solte darumb dar=
auß folgen/ daß Hertzog Christoff/ Christseliger gedächt=
nus/ S.F.G. deß Theodori Bezæ vnchristliches schreiben
gefallen lassen? oder darfür gehalten haben/ daß der Strit
zwischen vns vnd den Caluinisten/ allein ein lauter Wort=
gezänck were? Es weißt ja menniglich/ daß mehr vnd hoch=
gedachter/ löblicher Christlicher Fürst/ vor vnd nach selbi=
ger Handlung/ sich allwegs hart wider die Zwinglische Lehr
gesetzt/ selbige gehindert/ vnd deren gewöhret/ wo es jmmer
S.F.G. müglich gewesen. Wie auch S.F.G. in dero löb=
lichen

### Heidelberg. Caluin. Predicanten. 47

lichen Fürstenthumb selbst jr Kundtschafft auff die Kirchendiener gemacht/ wölche deß Zvvinglianismi verdacht gewesen/ vnd nicht nachgelassen/ biß sie eintweder (wo sie jrrig befunden) zu recht gebracht/ oder aber zum Landt hinauß geschickt worden. Darumb wie sich einer/ der mißhandlet/ vñ aber auß mitleiden versteckt/ bedeckt/ vnnd nicht angezeige würdt/ nicht darumb rühmen kan/ daß selbige Leut/ so jne vor gefahr behütet/ an seiner Mißhandlung ein gefallen getragen/ vnd selbige gut geheissen: Also solten sich die Caluinisten auch billich nicht rhümen/ daß vil vnnd hochgedachter Hertzog Christoff/ Christmilter geddchtnüß/ vor dem Hertzogen von Guise/ vnd dem Cardinal von Lottringen/ jhrer verschonet/ vnd nit von den Caluinischen Lehrern so scharpff geredt/ wie sie wol werth gewesen.

Ein herrliche entschuldigung aber bringen sie für/ zuerweisen/ daß sie von der Augspurgischen Confession/ An. 2c. 30. sich nicht abgesöndert. Dann sie haben sich (sprechen sie) nicht zwar von der Augspurgischen Confession/ sonder allein von dem Artickel vom Nachtmal/ der in der ersten Apologi gar Bäpstisch gelauttet/ auch deßwegen von den Papisten approbirt worden/ gesöndert. Bald darauff geben sie für/ daß der erst Religions Fridstandt/ Anno/ 2c. 32. zu Schweinfurt seinen anfang gehabt/ vnnd der Religionsfrid/ sey allein An. 2c. 55. wider ernewert. Darauß sie ferner schliessen/ weil Anno/ 2c. 32. die vier Stätt/ von den Keiserliche Commissarijs in den Religions Fridstandt angenommen worden/ so seien alle Caluinisten deß in Anno/ 2c. 55. auffgerichten Religions fridens auch vähig/ vnnd von selbigem nicht außgeschlossen. Bald hernach sagen sie/ daß die wort im zehenden Articul der Augspurgischen Confession (darinn die Gegenlehr vom heiligen Sacrament verworf-

*Ob die Caluinisten von der Augspurgischen Confession sich nicht abgesöndert.*
*L. 2. fa. 1 2.*
*L. 3. fa. 1.*

*L. 3. fa 2.*

G    fen

48 Abfertigung der Gegenwarnung/der
" fen würdt) nicht die Zwinglianer angehen / sondern die Wi-
" dertäuffer/ vnnd die jenigen/so die heiligen Sacrament ver-
" nichten. Heißt aber das nicht wunderbarlich schwindlen ¿
Dann/erstlich bekennen sie/ daß sie sich im Artickel vom H.
Nachtmal (wölcher ist der zehend) von der Augspurgischen
Confession abgesöndert. Bald im andern Blat sagen sie:
derselb Articul gehe die Zwinglianer nichts an/sondern sey
wider die Widertäuffer / vñ die jenigen gesetzt/wölche die H.
Sacrament vernichten: Wölche Leut aber sie (die Zwinglianer) nicht sein wöllen. Ist das war/ warumb haben sie
sich dann im zehenden Articul (jrer eigen Bekantnuß nach)
von der Augspurgischen Confession abgesöndert/ wann selbiger Articul jnen nicht zuwider gewesen? Warumb haben
sie zu Augspurg/Anno/ɾc. 30.vmb sonsten/vnd vmb nichts
willen (nämlich/ wann jnen der Articul vom Nachtmal nit
zuwider gewesen) ein solchen schädlichen Riß vñ Trennung
vnter den Euangelischen Ständen vnnd Kirchen gemacht/
vor der gantzen löblichen Reichsuersamlung? Fürs ander/
schreiben mit solchen worten die Caluinisten/ mutwillig wider jr eigen Gewissen. Dann wann sie der zehende Articul
nicht in die Augen gestochen / vnnd sie nicht wol verstanden
hetten/daß in selbigem jr Zwinglische Lehr verworffen were/
würden sie sich freilich on alles hindersich sehen / mit den andern Euangelischen Ständen vnderschrieben haben.

Ob die Caluinisten vom H. Nachtmal ein andere Lehr führen/dann die Widertäuffer.

So ist auch dises nicht war/daß sie fürgeben/alß ob sie im
Articul vom H. Abentmal ein andere Lehr führen/ daß die
Widertäuffer. Dann jr eigen Colloquium / so sie zu Fran-
ckenthal mit den fürnembsten Vorstehern der Widertäuffer gehalten (wie sie selbigs selbsten in den Truck verfertigt)
bezeuget: daß die Caluinisten vnd Widertäuffer im selbigen
Articul einig sein. Dann die Widertäuffer sich runde/ zum
andernmal in gemeltem Colloquio erkläret/ daß sie im Articul

## Heidelberg. Caluin. Predicanten.

skul vom Nachtmal/ an der Caluinischen Theologen Lehr keinen mangel haben. Wie gefelt jhnen das? Ich will mich hierinn auff gedachtes getrucktes jhr Protocoll beruffen haben. Vnd/ wie reimbt sich diß zusammen/ daß sie bekennen/ sie haben sich im Artickel vom H. Nachtmal/ von der Augspurgischen Confession abgesöndert/ dann derselbige Articul habe in der ersten Apologi gar Bäpstisch gelauttet? Wir handlen von der Confession/ so sagen sie von der Apologi. Die Confession ist ein gemein Werck gewesen der Augspurgischen Confessions verwandten: wölche auch von selbigen Ständen mit eigen Händen vnterschrieben/ vñ damaln Key. May. vbergeben worden. Ist selbige im zehenden Artickel recht gesetzt gewesen/ warumb haben die Caluinisten nicht dieselbig vnterschrieben? Vnd wie können sie mit warheit sagen/ daß sie von vnterschreibung der Augspurgischen Confession/ durch die Apologi (wölche Philippi Melanthonis Werck anfangs gewesen) abgehalten worden seien: So doch die Augspurgische Confession vbergeben (vnd von den Zwinglianern die Subscription recusirt worden) ehe dann ein einiger Buchstab an der Apologi geschrieben gewesen? Dañ auff vbergebung der Augspurgischẽ Confession ist erstlich erfolgt/ von den Papisten/ ein vermeindte widerlegung der Augspurgischen Confession. Auff dieselbige widerlegung ist allererst erfolgt die Apologi. Darũm werden allhie abermals die Caluinisten in offentlichen vnuerschämbten Lügen ergriffen. Vnd mag man wol mit warheit sagen / daß die Sonne vnuerschämbtere Leut nie beschinen/ alß dise Caluinische Theologen (vñ jres gleichen) sein.

Vnd/ was ist das für ein außflucht/ daß sie sagen: sie haben sich zwar nicht von der Augspurgischen Confession/ sondern allein von dem Artickel vom Nachtmal / ab= gesön=

E.2.fa.1
Ob jemandts der Augsp. Conf in warheit zugethan sey/ der sich von derselben in einem fürnemen Articul absondert.

Abfertigung der Gegenwarnung/ der gesondert? So höre ich wol/ wer sich in einem Artickel von der Augspurgischen Confession absondert/ der hat sich von der Augspurgischen Confession nicht abgesöndert? Wann es dise meinung hette/ so köndten die heutigen Arianer auch sagen: Sie weren allein im Artickel der H. Trifaltigkeit/ von der Augspurgischen Confession abgetretten: hieltens aber sonsten mit allen andern Artickeln der Augspurgischen Confession: Weren sie dann hierdurch entschuldiget/ vnnd für verwandte der Augspurgischen Confession zuhalten? wissen die Caluinisten nicht/wann ein Ring entzwey ist/ daß er nicht mehr helt: vnnd ist nicht vonnöten/ daß er zu kleinen Stücklin zerbrockelt sey. Wie vil Ketzer sein gewesen/ deren jeder allein einen Articul der Christlichen Religion widerfochten/ die andern aber bleiben lassen? Solte man selbige darumb für rechte Christen gehalten haben/ wann sie jhres Irrthumbs vberzeugt/ vnd dannoch verstockt darauff (wie die Caluinisten) verharret? Hetten nicht auch diser gestalt/ ettliche vermeinte Christen zu Corinthen/ wölche die aufferstehung des Leibs verläugneten/ sagen können: sie weren gute Christen: dann sie widersprechen nur einem einigen Articul deß Christlichen Glaubens/vnd weren in den andern allen richtig? Oder/sollen wir so lang die Caluinisten für vnsere Brüder erkennen/ biß sie vil Artickel der Augspurgischen Confession verlaugnen vnnd widerfechten? wie sie zwar laider/in mehr/dann allein in einem/jrrig sein.

*Ob der Religionfriden/so An.zc. 55.auffgerichtet/ allein ein Continuation vnd Ernewerung deß vorigen.*

Mich wundert auch nicht wenig / daß sie den in Anno/zc. 55. auffgerichten Religionfriden/ allein für ein Continuation vnnd Ernewerung deß vorigen Religions Fridenstandts halten/der Anno/zc.32. zu Schweinfurt angefan-

### Heidelberg. Caluin. Predicanten.

gefangen: vnnd sich stellen / als wißten sie nicht/daß im Re‑ *rigen Religion*
ligionfriden / so Anno 2c.55.auffgerichtet worden/ alle Se‑ *Fridenstand ge‑*
cten (vnter denen fürnemlich der Caluinismus verstanden) *wesen.*
außgeschlossen worden. So jnen doch nicht vnbekant/ was
den Caluinisten vor diser zeit zuhanden gangen were/ wann
die jenigen Chur/ Fürsten vnd Stánd/ so der Augspurgi‑
schen Confession in warheit zugethon gewesen/ nit/ auff hoff‑
nung der besserung / Rigel vntergestossen hetten: sondern so
begirig geweßt weren/ die Caluinisten in ein vnfridlich We‑
sen zusetzen/ als sie vns von der Augspurgischen Confession
(deren sie doch nicht anhengig) außzuschliessen begeren.
Gleichwol ist Keiser Maximilianus Hochlöblichster Ge‑
dächtnuß (auff der selben Maiestet ernstlich vnd beharrlich
anhalten) von den Chur/ Fürsten vnd Stánden Augspur‑
gischer Confession Anno 2c.66.auff dem Reichstag zu Augs‑
spurg) lauter bericht worden/ daß die Caluinisten nicht der
Augspurgischen Confession seien/ wie disen Caluinischen
Theologen on zweifel wol wissend. Ob aber neben der Augs‑
spurgischen Confession/ vnd der Römischen Religion/ auch
die Caluinische Lehr im Religions friden (wie er Anno 2c.
55. auffgericht/ hochbetheuret/ vnterschriben vnd versigelt)
begriffen/ mögen die Caluinische Theologen wol nachsu‑
chen/ wo sie einen solchen Paragraphum darinnen finden
wöllen: Dann bißher ist er noch nie darinn funden worden.
Es seind aber dise vnrhüwige Leut nicht daran benügt/ daß
sie deß eusserlichen Fridens genüssen: sondern feiren nicht/
andere Kirchen mit der Zwinglischen Lehr zuuergifften/
vnd selbige mit sich in vnnotwendige Gefahr zusetzen.

    Es haben sich die Caluinisten verhawen in einem Büch‑ *Ob sich die Calui‑*
lin/ wölches zu Newenstatt durch Mattheum Harnisch An‑ *nisten gnugsam*
no 2c. 82. getruckt: da sie sagen/ daß die Sacrament/ on den *entschuldige / daß*
*sie nicht etlicher*
*massen mit den*
*Widerteuffern*
G 3     Glau‑ *laichen.*

**Abfertigung der Gegenwarnung/der** Glauben/kein Sacrament/sondern allen ein eusserlich/vnnütz/vergeblich Spectackel seien: vnd darneben fürgeben/daß die Kinder keinen Glauben haben. Weil ich jhnen nun fürgeworffen/daß herauß der Widerteufferische Jrrthumb folgen müsse: Dann wer wolt sein Kind lassen tauffen/wann er gewiß were/daß es keinen Glauben hette/vnd darfür hielte/daß die Sacrament one Glauben allein ein eusserlich vnnütz Spectackel were? Hie wissen sie nicht/wo hinauß. Bringen einen Spruch Lutheri/der da sagt: Man soll den H. Tauff nicht auff dessen/der getaufft würdt/Glauben oder Vnglauben/sondern auff Gottes Befelch vnd Ordnung gründen. Diß ist wahr: kombt aber den Caluinisten nicht zu hülff. Darumb suchen sie ein andere Lucken/dardurch sie hinauß schlüpffen wöllen/vñ sagen/sie lehren nicht/daß die Kinder allerdings vngleubig sein. Ist das war: warumb haben sie dañ zuuor geschriben/daß die Kinder **noch nicht glauben**? Damit aber niemandt eigentlich verstehn möge/was doch hierinn jr endtliche Meinung sey/so sagen sie bald hernach: **die Kinder haben in jnen den Samen deß Glaubens/vnnd der Buß.** Durch sonderliche heimliche wirckung deß heiligen Geists. Vnnd sagen ferner (auß deß Caluini Schrifften) wer den H. Geist hat/der hat die wurtzel deß Glaubens/vnd aller Tugenden. So höre ich wol/es kan jemands den Heiligen Geist haben/vñ dannoch dē Glauben noch nicht haben/sondern allein die wurtzel vnd den Samen deß Glaubens? Wer sihet hie nicht/wie dise Theologi an den Wänden gehn/vñ nicht wissen/was sie bekennē/oder was sie laugnen sollen: vnd wöllen dannoch mit jrer vnzeitigē Kunst alle Welt reformirn/vnd die besten Theologi in der Welt sein.

Sie widerholen auch die greiffliche Vnwarheit/daß Lutherus

## Heidelberg. Caluin. Predicanten.

therus/wann jm nicht ander Leut in den Ohren gelegen/ die Zwinglianer für seine Brüder erkennet hab. Vnd muß hierzu dienen/ das er ettliche Straßburgische Theologen (welchen er damaln bessers vertrawet/ dann er hernach an jnen befunden) seine liebe Brüder genennet. Jch aber hab auß den Marpurgischen getruckten Actis erwisen/ dz An. ꝛc. 29. Lutherus den Zwinglium vñ seine adherenten nicht für brüder erkennen wöllen/ wie die Concipisten deß Mandats fürgegeben hatten: darmit ich sie einer offentlicher Vnwarheit vberwisen hab: Aber darauff antworten sie nicht ein einig wort. Dagegen wenden sie ein/ was D. Brentius, Vitus Theodorus, vnd D. Iacobus Andreæ dem Caluino, als einem Bruder/ sollen zugeschriben haben. Jch halt aber darfür/ waſſ dem gewißlich also were/ sie wurden auffs wenigst die Vberschrifften gedachter Brieff langst in den Truck gegeben haben: wann sie nicht wißten/ daß derselben brieff Jnhalt ein anders erwisen. So ist auch nicht der Stritt hierüber/ was einer dem andern für ein Tittel gegeben: sondern darüber haben wir gestritten/ ob D. Luther den Stritt vom heiligen Nachtmal so gering geachtet/ daß er auch die Anfänger desselben/ nichts desto weniger (ein weg wie den andern) für seine brüder zu Marpurg erkent hab? Hie seind die Caluinische Concipisten bestanden/ wie Butter an der Sōnen. Vñ dienet wenig zu jrem fürhaben/ daß sie fürwenden: daß die Lutherische Fürsten jren Religions verwandten Fürsten (sie verstehn allhie Caluinische Fürsten) als Brüdern/ zuschreiben. Nun wissen verstendige Leut wol/ das auch die Lutherische vñ Bäbstische Fürsten einander Bruder nennē: solche Bruderschafft aber erstrecket sich nicht auff die gleichheit der Religion/ sondern auff weltliche Sachen. Darumb haben die Caluinisten mit diser vermeindten beweisung abermaln den Zweck bei dreyen Bawren Schuch getroffen.

*Ob Lutherus die Zwinglianer für Brüder erkant.*

f. fa r.

E 6

Es werden auch die Lutherischen Predicanten (wölche sie Priesterknecht nennen) beschuldiget/ daß jr Neid vnnd Groll gegen den beurlaubten Caluinischen Predicanten so groß gewesen/ daß sie denselben alle Schmach vnd schmähliche Frondienst aufferlegt/ vnnd etwan den Nachrichtern zu dienen genötigt haben. Auff disen Casum bin ich also berichtet worden: daß in der Churfürstlichen Pfaltz zu W. ein alt Herkommen/ das etwo den Bürgern aufferlegt werde/ dem Nachrichter/ oder seinen Gesellen/ nach begegneten dingen/ zuhelffen: Wölchen dienst doch ein Burger mit einem geringen Gelt (weniger dann mit einem Monat Sold) wann er wölle/ abkauffen könne/ daß er dergleichen Frondienst gefreiet sey. Es hab sich aber zugetragen/ daß ein solcher Frondienst einen Zwinglischen Predicanten (wölcher damaln seines Kirchendiensts erlassen/ vnnd ein Krämer gewesen) getroffen: der hab solchen Frondienst vngezwungen vnd vngetrungen verrichtet: eintweder/ vnserm Theil dardurch ein vnglimpff zuschöpffen (wie es allhie von dem Heidelbergischen Caluinistē angezogen würdt:) oder aber/ dz er jm das Gelt hat lassen zulieb sein. Darumb mag derselbig Krämer seinem Geitz hierumb dancken: vnd dürfften wol die Caluinisten auß einer solchen sachen/ daran jr eigner Glaubensgenoß schuldig gewesen/ nicht ein solch Geschrey machen/ als ob es alle tag in der Churfürstlichen Pfaltz geschehen were.

*Ob/ vnnd wölcher Gestalt den Caluinischē beurlaubten Predicanten/ vnzimliche Frondienst zugemutet worden.*

Es werden auch fürneme Christliche Kirchendiener in der Churfürstlichē Pfaltz angeklagt/ als ob sie für Hertzogen Johann Casimir ꝛc. auff der Cantzel nicht bitten wöllen/ biß jhnen solches auß der Cantzley befohlen worden. Hierauff bin ich glaubwürdig berichtet/ daß selbige Kirchendiener/ sich mit Verrichtung deß gemeinen Gebetts (nach absterben

*§.2. fa.1. Ob die Pfältzische Kirchendiener nicht für Hertzog Johann Casimir ꝛc. bitten wöllen.*

### Heidelberg. Caluin-Predicanten.

ſterben Pfaltzgrauen Ludwigen / Churfürſten / ſeligſter gedächtnus) jederzeit verhalten / wie ſie deßhalben von den Rhäten in der Cantzley zu Heidelberg beſcheiden worden. Da nun die Heidelbergiſche Caluiniſche Predicanten darüber zuklagen / mögen ſie hierumb die Rhät zu Red ſetzen. Gleichwol / wann man das gemeine Gebett haben / vnd deſſelbigen krässtiglich genieſſen will / muß man nicht falſche Lehr pflantzen / vnd reine trewe Kirchendiener ins elend jagen.

    Es bringen auch die Caluiniſche Concipiſten (zu vertheidigung des Heidelbergiſchen Mandats) herfür / ein Edict / in wölchem Hertzog Heinrich von Braunſchweig / An. ꝛc. 62. in S.F.G. vnd deß Niderſächſiſchen Kraiß / Namen / den Predicanten aufferlegt / daß ſie deß vnerbawlichen ſcheltens vnnd ſchmehens / auff der Cantzel ſich enthalten ſollen. Nun weiß ich keinen Hertzogen in Braunſchweig / der nicht dem Caluiniſchen Gifft von Hertzen feind were. Derwegen mich die Caluiniſche Concipiſten / noch in den nächſten dreien tagen nicht bereden werden / daß in gedachtem Edict / die Sachen dahin gemeint geweſen / daß die Zwingliſche Irꝛthumb nicht ſollen auff der Cantzel geſtrafft werden. Das weiß ich aber wol / daß Anno ꝛc. 61. der Niderſächſiſche Kraiß ſeine Geſandten / Rhäte vnd Theologen zu Braunſchweig in der Statt gehabt: allda der Zwingliſche Irꝛthuṁ verdampt / vñ Doctori Hardenbergio, einem Zwingliſchen Predicanten / angezeigt worden / dz er auß dem Niderſächſiſchē Kraiß hinweg ziehē ſoll. Es haben auch hernach die Niderſächſiſchen Theologen / wider dē Caluiniſchen Irrthuṁ herꝛliche Schrifften laſſen durch den Truck außgehn / darauß zuſehen / mit was Grundt die Caluiniſten das Niderſächſiſche Edict anziehen. Es iſt aber den Caluiniſchen Scribenten / wie vnſinnigen raſenden Leuten: wann man zu

*Marginalia:* Ob Hertzog Heinrich in Braunſchweig / ꝛc. die Caluiniſche Lehr auff der Cantzel zuſtraffen / verbotten habe. §. 2. fa. 2. §. 3. fa. 1. 2.

denſelbigen gehn wöll/werffen ſie gegen einem/ was jhnen
vnter Hand kombt/das nechſt das beſte. Alſo raſpeln die Caluiniſten zuſamen/vnd werffen es jren Widerſachern entgegen/ was ſie erwiſchen/ es reime ſich/oder nicht. Wann ſie
aber beſſere Argumenta hetten/ dürfften ſie nicht ſolche zur
ſachen vntaugenliche beheiff ſuchen.

Es wöllen auch die Concipiſten deß Heydelbergiſchen
Mandats noch nicht nachlaſſen/vnſerm theil allerley vngereimbte/ vnd vnchriſtliche Meinungen zuzumeſſen: Vnnd
muß jnen D. Brentius gelehrt haben/daß zwo Gottheit in
Chriſto ſeien/ein ewige/ vnd ein mittgetheilte Gottheit. So
ſie doch ſelbſten wol wiſſen/ das Brentius allein ein einige
Gottheit in Chriſto geglaubt vnd gelehrt/wölche von Ewigkeit geweſen/ vnd hernach in der zeit/ der Menſchlichen Natur in Chriſto/ durch die Perſönliche vereinigung/ alſo mitgetheilt worden: das zwar die Menſcheit nicht in die Gottheit verwandelt/ ſondern von der Gottheit ein allmächtigen
Gewalt/ vnendtliche Weißheit/ vnd Göttliche Herrligkeit
(allenthalben gegenwertig zu regiren) empfangen hat.

Auch ſoll ein Doctor Theologiæ, der zu Tübingen promouirt worden/in gegenwart eines fürtrefflichen Fürſten/
vnd in beyſein zweier fürnemen Theologen offentlich geſagt
haben/das Chriſtus ſo wol in Herodias Leib/ als im Leib der
Jungfrawen Mariæ gelegen ſey: Diſes (ſprechen ſie) haben die jetzige Theologen zu Bremen in offentlicher ſchrifft
bezeuget/vnd ſeind bey leben/ anderſt wiſſen wir nicht/die beide Doctores Theologiæ, vnd andere die dabey geweſen.
Hierauff ſoll der Chriſtliche Leſer wiſſen/ daß diſe Caluiniſche Concipiſten/abermal/ wie ein Fuchs/ neben der warheit
her traben. Dañ der Doctor Theologiæ (der zu Tübingen
promouirt/vñ außerhalb deß Furſtenſtum Wirttenberg ſich
helt)

*Marginalia:*
B.1.fa 1. Ob D. Brentius zwo Gottheiten in Chriſto gelehrt habe.

B.1.fa 1. Ob ein Tübingiſcher Doctor geſagt/das Chriſtus auch im Leib der Herodias gelegen ſei.

### Heidelberg. Caluin. Predicanten.

Helt) auff den sie stechen/ hat obgedachte/ schandliche/ grewliche Lösterung nie geredt: sondern ein andere Person/ wölche wider jne disputirt/ vnnd die Maiestet deß Menschen Christi widerfochten/ die hatt fürgeben/ wann die Lehr von der Vbiquitet wahr were/ so muste folgen/ das Christus auch im leib der Herodias gelegen were: wölches aber obgemelter Doctor Theologiæ im fußstapffen widerfochten/ vñ angezeigt/ das solches keines wegs/ auß der Lehr võ der Mayestet Christi (wölche die Caluinisten die Vbiquitet nennen) erfolge. Dises ist vor sibẽ jaren geschehen. Noch hat dises den Doct. E. H. nicht hetffen mögen: sondern ist mit vngrund weit vnd breit/ von jhm on allen Grund der warheit/ außgossen worden/ als solte er obgedachte abschewliche Gotteslesterung geredt haben. Daß disem also sey/ kan mehrgemeldter Doctor mit ettlichen Zeugen/ so dabey gewesen/ vnd noch alle in leben/ erweisen: Deren namen ich wol weiß/ vnnd selbige verzeichnet bey meinen Handen hab. Darumb wöllen jnen die Caluinisten solche jre erschrockenliche/ erdichte/ abschewliche Gotteslösterung/ selbsten behalten/ vnd reine trewe Lehrer darmit vnbeschmitzt lassen.

Also thun sie auch D. Brentio, dem sie mit vnwarheit zulegen/ er hab geschriben/ daß eines jeden Menschen Natur/ der jetzt im Hiñel ist/ sey dem Son Gottes einuerleibt/ vnnd mit jm in einigkeit der Person verbunden. So doch D. Brentius eben an selbigen orten/ die sie anziehen/ das widerspil lehret. Daß er zeucht dise meinung (die jm zugemessen würdt) an/ als ein falsche vnnd jrrige Lehr/ wölche auß der falschen lehr der Caluinisten folgen müste/ wo dieselbige bestehn solte. Was nun D Brentius, als einen Jrrthumb vnnd greuliches absurdum/ den Caluinisten fürwirfft/ das legen sie jm (wider das gezeugnus jhres Gewissens) zu/ als ob er derselbigen Meinung gewesen were.

*G. 1. fa 2.*
Ob D. Brentius gelehrt/ daß ein jeder seliger Mensch/ mit dem Son Gottes persönlich vereiniget sey.

Eben

**Abfertigung der Gegenwartung/der**

*G.2.fa. Kurtze Antwort auff ettliche vil Calumnias, welche die Caluinisten mit Wannen zu tragen.*

Eben dises Schlags seind auch nachfolgende Calumnien/daß wir sollen lehren/der Leib Christi sey in allen Winckeln/Steinen/Vierkanten. Item/von der Außgiessung der Göttlichen Malestet in die menschliche Natur. Item/ daß Lutherus soll (auff Eutychianisch vnnd Schwenckfeldisch) gelehrt haben/ das Fleisch Christi sey nit auß Fleisch/ sondern auß Geist geboren. Item/ daß er gelehrt/der Leib Christi fahre durchs Brot/wie ein Klang/ durch Bret vnnd Lufft/rc. Item/daß wir dem HERren Christo ein solchen vnsichtbarn vnd subtilen Leib zueignen/der nicht sey der Leib/ wölcher von der Jungfrawen Maria geborē. Item/daß D.

*G.2.fa.2.*

Brentius gelehrt habe/Christus sey in den Himel gefahren/ in wölchem auch die Hölle vnnd der Teuffel sey. Item/daß auß Lutheri Lehr folgen soll/ daß man das Brot im Sacrament anbetten müsse. Vñ was deren Calumnien mehr sein. Hierauff bitt ich den Christlichen Leser vmb Gottes/vñ vmb seiner eignen Seligkeit willen/ er wölle die ort in Lutheri vnnd Brentij Büchern nachsuchen: So würde er befinden/ daß diser Caluinisten fürgeben/zum theil offentliche Lügen/ zum theil aber gantz mutwillige verkherungen seien/deß jenigen/das Lutherus vnd Brentius recht vñ Christlich geschriben. Vñ dises mutwillig verkeren ist den Caluinischen Scribenten so gemein/daß sie auß eines reinen Lehrers Schrifft nicht bald drey oder vier Zeil erzölen können/ one ein offentliche Lugen/oder one ein fürsetzliche verkerung. Ein solcher Mensch aber/ der einem andern seine wort verkeret/heißt in Lateinischer Sprach/Calumniator:: in der Griechischen Sprach heißt er Διάβολ⊙, Diabolus : von wölchem Wörtlin kompt her das Teutsch wörtlin/Teuffel. Dieweil nun solche Caluinische Scribenten seind Lügner vnnd Calūniatores, das ist/Diaboli: (wie albereit auff sie vilfeltig bewisen) so kan man von jnē mit Warheit sagen vñ schreibē:

Sie

### Heidelberg. Caluin. Predicanten. 59

Sie seind leibhafftige lebendige Teuffel: dann dises beweisen sie mit jrem liegen/ verkheren/vnnd löstern/ vnd wer sich an solche Leut henget/ vnnd an jrem liegen/ löstern/vnd verkheren Freud vnd Lust hat/ der würdt auch seinen Lohn mit disen vnd andern Teuffeln im Höllischen Fewr empfahen.

Vnd dieweil die Caluinische Concipisten einmal/ in den Lauff deß liegens also kommen/ daß sie nicht mehr stillstehn können/ so schreiben sie/ daß die Augspurgische Confession jetzt nichts mehr bey vns gelte: es dürffen auch vnsere Pfarrherrn selbige nicht lesen/ absque antidoto siue correctiuo Normæ Bergensis: das ist/ es sey dann daß sie zuuor ein Artzney darfür (auß dem Concordi Buch) eingenommen/ auff daß sie nicht durch die Augspurgische Confession vergifftet oder geschädiget werden. Allmächtiger Gott/ wo thut doch disen Leutten das liegen so wol? Wir halten (wider die Zwinglianer vnnd Papisten) steiff/ vnd (on einigen rhum zubemelden) mit grossem ernst vnnd eifer vber der Augspurgischen Confession: vnnd werden die Pfarrher bey vns dahin gewisen/ die Augspurgische Confession fleißig zulesen/ damit sie bey derselbigen bleiben/ vnnd deren zuwider nichts lehren. Noch dürffen dise vnuerschämbte Lügner fürgeben/ die Augspurgische Confession gelte nichts mehr bey vns/ vnnd vnsere Pfarrher dürffen selbige (als ein gifftige Schrifft/ welche eines antidoti oder correctiui bedürffe) nicht lesen/ one die Formulam Concordiæ Bergensem. Hat auch der Erdbodem jemaln so vnuerschämbte Leut getragen/ als dise sindt?

*G. 4. fa. 1.*
*Ob die Augspurgische Confession bey vns nichts mehr gelte: auch von den Lutherischen Predicanten nicht dürffe gelesē werden/ 2c.*

Endtlich/ bringen sie den Ioannem Marion auff die ban/ von dem sie also schreiben: daß der Teuffel vor wenig Jaren/ durch ein losen Buben/ Joann Marion genandt (der lang in der Verstrickung gewesen/vnnd in seinem bösen fürnemen

*H. 1. fa. 1.*
*Ob die Lutherische Predicanten etwas mit Johan Marions sachen jemahln zuthun gehabt.*

„ nemen ergriffen worden) darmit vffgangen/daß durchauß-
„ ländische Politische Potentaten/ettliche Vbiquistische Cla-
„ manten erkaufft/vnd practicirt wurden/ allerley Vnrhuwe
„ wider zween treffenliche/ fromme/ dapffere Teutsche Fürsten
„ zuerregē. Biß hieher die Caluinisten. Disen gifftigen Scorpion stich/ verstehet nicht jederman: die Sachen aber seind
also damit beschaffen. Obgedachter Ioan Marion/ hat heimliche Brieff hin vnnd wider geschrieben/ mit denen er sich in
grossen verdacht gebracht/ als ob er Verrhäterey vnd Vnglück stifften wölte. Was man nun in seiner Verhafftung
bey jm befunden / ist mir vnwissend/ das aber weiß ich/ daß
ettliche andere vnrhuwige Leut/ vnd Feind der Lutherischen
Predicanten/ gern ettliche reine fürneme Theologos in den
verdacht hetten gebracht/ als solten selbige Theologi, vom
Pabst zu Rom Gelt empfangen habē/ daß sie wider die Caluinisten schreiben/ vnd also ettliche Caluinische Herrschafften in Vnglück bringen solten. Aber dem Allmächtigen sey
lob/ daß sich solches im allerwenigsten nie erfunden/ derwegen auch die Feind der Lutherischen Predicanten/ mit solcher
greulichen Calumnien vbel angeloffen. Was aber selbige
versuchet/ dessen vnterstehen sich dise Caluinische Concipisten gleichermassen. Derwegen ist dises mein runde Antwort: wann sie hiemit zuuerstehen geben wöllen / daß ein
Würtenbergischer Theologus, mit des Marions Handlungen ettwas zuthun gehabt/ vnd in seinen Practicken ver-
hafftet / so reden vnnd schreiben sie nicht/ alß warhafftigen
Biderleutten gebürt: vnnd will ich sie für solche Gesellen/
als Ioan Marion einer gewesen/ so lang vnd vil halten/ biß
sie solches auff einen oder mehr Würtenbergischen Theologen erweisen.

Also

## Heidelberg. Caluin. Predicanten.

Also sihestu / Christlicher lieber Leser / auß disem andern theil meiner Antwort / wie vnuerschämbte Lügner / Calumniatores / mutwillige Verkherer vñ Lösterer / die Caluinische Concipisten sein: Vnd wie gifftig vnd mördisch sie auff vnschuldige Personen stechen / noch dannoch dürffen sie an eetlichen orten jrer Schrifft / von der Brüderlichen Lieb vnd Einigkeit / auch von Christlicher Sanfftmut vns predigen: vnd grosse bescheidenheit gegen den Lutherischen Theologen rühmen / da sie doch / wo es jnen müglich were / gern denselben den Halß mit jren Lügen abstechen wolten. Wann es jnen dann nicht gerhaten will / so ist es lauter Christliche Lieb vnd Sanfftmuth gewesen. Vnd thun gleich / als wann einer (nach dem alten Teutschen Sprichwort) ein Wurffbeihel nach einem wirfft / wann er sein fehlet / so spricht er: Ich hab dich nur wöllen erschrecken.

*Was für gifftige Scorpion die Caluinische Scribenten sein / die doch immerdar von Christlicher Lieb vnd Sanfftmuth predigen.*
*§.1.fa.2.*
*h.1.fa.1.*

## 3. Verantwortung meiner / Osiandri Person / wider der Caluinischen Concipisten / Lügen / Calumnien vnd Lösterungen.

Erstlich beschuldigen mich die Caluinische Concipisten / daß ich mich eines newen Antichristischen gewalts in der Kirchen anmasse / daß ich mich vberreden lasse / Ich sey auff die Zinnen deß Tempels / gestelt / vnd hab macht / vber alle Kirchen in Franckreich / Niderland / in der Churf. Pfaltz: was ich setze / warne / richte / soll allein gelten / ec. Darumb sie mich dann in jhrer vnwarhafften Lösterschrifft offtermal einen Teutschen Pabst / vnderweilens einen Cardinal / vnderweilens ein Patriarchen / nennen / ec. diseß kompt alles daher / daß ich mich in etlichen Schrifften

*A.1.fa.t.*
*A.2.fa.2.*
*A.3.fa.1.*
*Ob Osiander sich eines Antichristischen Gewalts anmasse.*
*B.3.fa.2.*
*E.1.fa.1.*
*A.4.fa.s*

wider

Abfertigung der GegenWarnung/der wider die gottlose Lehr der Caluinisten gesetzt: vnnd den armen gutherzigen betrangten Christen in Niderland zu gutem (wölche seind/ wie die Schaff/ one Hirten) erstlich ein freundtliche Ermahnung zugeschriben/daß sie sich in etliche Articuln der Religion eines bessern weisen lassen sollen: darnach/ daß ich auch ein Institutionem Christianę Religionis, vber alle fürnembste Articul vnsers Christlichen Glaubens/ in Frantzösischer/ Lateinischer/ vñ Teutscher Sprach außgehn lassen: Vnnd dann/ daß ich die Christliche Kirchendiener vnnd Pfarzkinder in der Churfürstlichen Pfaltz trewlich verwarnet/ daß sie nicht stumme Hund gegen dem Zwinglischen eintringenden Irrthumm sein wöllen/ noch die Zwinglische einschleichende Wölff (so in Schaffskleidern einher gehn) für Schaffhirten ansehen sollen. Dises ist die grosse Sünd/ darumb ich von jhnen zum Cardinal/ Patriarchen/ vnd Teutschen Babst erwöhlet worden bin. Hetten aber die Caluinisten vor diser zeit jhre vnwarhafftige Lösterschrifften / auff welche ich geantwortet/ eingestellet: hetten sie die Christliche eiferige Gemeinen/ in Franckreich vnnd Niderland recht instituirt/ vnnd auß Gottes Wort recht berichtet: hetten sie nicht durch das von jhnen expracticirt vnnd concipirt Mandat/ den reinen Predigern ein Knebel ins Maul zubinden vnterstanden: so hette ich / meines theils/ aller angewandter Mühe wol vberhaben sein können vnnd mögen. Ob aber meine angewandte mühe/ Christliche Bericht/ trewhertzige Warnung/ ein Antichristisches Bapsthumb mit sich bringen/ das gib ich allen vernünfftigen Christen zubedencken vnd zuurtheilen.

*A 3. fa. 1.*
*Warumb die Caluinisten Osiandro seinen Vattern vnd Schwägern/ fürwerffen.*

Damit sie aber mein Person (an deren sie mit grundt der Warheit nichts schmähen können) dannoch verhasset machen möchte/ werffen sie mir meinen Vattern seligen für/ der in Preussen mit andern Theologen in ein beschwerlichen

### Heidelberg. Caluin-Predicanten. 63

Religions Stritt gerahten. So doch dise gifftige Caluinisten wol wissen/daß ich nicht allein mich derselbigen Controuersiæ nicht theilhafftig gemacht: sondern mich auch in etlichen getruckten offentlichen Schrifften erkläret / daß ich im selbigen Stritt nicht seiner Meinung sey. Auch bringen sie meinen Schwagern / M. Iohannem Funccium, seligen/ auff die ban: dem es in Prenssen vbel ergangen. So doch der Allmächtig weißt/ daß ich vmb selbige gantze Handlung kein einig wort nie gewißt (dann ich damaln allbereit im Fürstenthumb Wirttenberg mich gehalten) biß alles für vber gewesen. Ob es nun in derselbigen Sachen die Polnische Cōmissarij wol oder vbel getroffen/ das werdt sie an jenem grossen tag des Herrn finden. Mir gebürt dauon nit zuschreiben/ daß die Sachen seind mir nit nach notturfft bekandt. Es ist aber hierauß die Christliche Lieb vnnd Sanfftmut der Caluinisten zuerkennen: nämlich/ wo sie einem ehrlichen Man an seiner Person nicht zukommen können/ begeren sie durch ein andere Person / jhne zustechen / vnnd zuschmähen: auch durch solche Personen/ wölche Gott dem Herrn vor vilen Jharen/ ergeben. Dise brüderliche trew/ vnd vberflüssige Caluinische Lieb/ würdt der Allmächtig jhnen zu seiner zeit belohnen.

Sie klagen mich an / daß ich in die Churfürstliche Pfaltz fallen / vnd dieselbig stürmen wölle: daß ich die Prediger in der Churfürstlichen Pfaltz vertröste/ wan sie nur dapffer löstern/ werde ich sie eintweder zu reichen Abteyen/ vñ Pfründen promouirn: oder widerumb in ire Pfarrhen/ mit gewaffneter Hand einsetzen. Item/ ich sey der Man / der sein fromme Herrschafft wider jhr gnedigste Obrigkeit hetze: vnnd gleich wie der Babst Clemens vor etlichen Jharen in Italia, also wolte ich in der Churfürstlichen Pfaltz gern ein Ler-

A 2. fa. 2.
A. 4. fa 1.
Ob Osiander in der Churfürstlichen Pfaltz Auffrhur erregen/ vnd den Herrn die haar aneinander kuüpffen wöllen.

J men/

**64** Abfertigung der Gegenwarnung/der

B.3.fa.2 „ men/Zwitracht vnd Auffrhur stifften vnd anstellen/vnd daß
„ ich nichts liebers sehe/dañ daß die Pfaltz/mein Landtsfürst/
„ vnd andere Fürsten einander ins Haar fielen/ꝛc. dz ich auch
„ nichts darnach frage/wie es dem Vatterland gehe/noch was
„ für zerrüttung darauß erfolgen möge/wann ich nur meinen
„ Primat erhalten könne/ꝛc. Auff dise offenbare Lügen vnnd
Calumnien zuantworten/bitt ich allein den Christlichen Leser/er wölle mein Warnung auff das Heidelbergische Edict
lesen/vñ nach seinem Gewissen vrtheilen/ ob dasselbig dahin
von mir gerichtet/ wie dise Caluinisten fürgeben: oder ob sie
mutwillige Calumniatores vnd vnuerschämbte Lügner vñ
Lösterer seien. Ich weiß (ohn rhum zumelden) so wol/ oder
besser/dann die Caluinisten (wölche lieber das Schwert zucken/dann die Bletter in der Bibel vmbwenden) was Auffrhur vnd Krieg für beschwerliche zerrüttung in Kirchen vñ
weltlichen Regiment/mit sich bringen/ vnd hab zu frid vnnd
rhue mehr lust vnd liebe / dann ettliche hundert Caluinisten.
Sie mögen aber wol betrachten/ ob sie zu frid vnd einigkeit
rhaten/wölche jr Obrigkeit dahin verhetzen vnd treiben/daß
ein solche zerrüttung in geistlichen vñ weltlichem Regiment/
in der Churfürstliche Pfaltz (wider das Churfürstliche Testament) angestelt vnd fortgetriben würdt. Dann wann die
Caluinische Blaßbälg nicht weren/möchte sich die jetz regirende Herrschafft/zuuersichtlich/eines andern vnnd bessern
bedencken. Es haben sich aber Caluinische Predicanten vernemen lassen: Man soll mit enderung der Religion fortfahren/vnd solte es gleich nur sechs Wochen wehren. Item/
Wie wann sich ein Zwinglischer Hoffprediger T. vor einem Adelichen Frawenzimmer vor diser zeit vernemen lassen/man solte den Lutherischen Predicanten die Köpff herab
hawen. Als jne aber ein fürneñe Adelsperson erinnert / daß
er billich/ als ein Predicant / nicht solte so Blutdurstig sein/
vnd

### Heidelberg. Caluin. Predicanten. 65

vnd vnd der Religion willen die Leut zutödten/nicht rahten: Er darauff geantwort: Wann er Röm. Keiser were/müste keiner leben/der nit seines Glaubens were. Ob nun diser Hoffprediger/ der doch noch auff disen tag lebt/ sein Hertschafft zu frid vnd einigkeit/ oder aber zu verfolgung/ anhetze vnnd treibe/ das stell ich zu verstendigen Christen erachten. Aber disses ist der Caluinischen Predicanten art/was sie selbs thun/ das zeihen sie andere Leut/ denen es nie in jhren sinn kommen.

Sie tichten auch auff mich / als ob mein Schrifft (wider das Heidelbergisch Mandat) dahin gerichtet/ daß man die Caluinisten/ als Wölff/ tödten vnnd würgen soll. Wo hab ich aber die tag meines lebens/in predigen/ja auch sonsten in Priuat Gesprächen/oder in einiger Schrifft gerhaten/ daß man die Caluinischen Predicanten/oder andere falsche Lehrer zu todt schlagen/oder würgen soll? Den Menschen will ich gern vnter Augen ansehen/ der mich eines solchen mit warheit bezüchtigen/ vnnd mit vnparteischen Zeugen/ oder meinen Schrifften oberweisen könne. Aber der Caluinisten Patriarch Theodorus Beza/hat in einer Epistel (an einen fürnemen Fürsten deß Römischen Reichs) wölche im Truck ist/geschrieben: Er halt es für das beste/daß die Ketzer/wañ sie gleich widerruffen/dannoch vom leben zum tod gerichtet werden:damit sie nicht wider vmbfallen/ vnd in den vorigen Jrrthumb gerahten. Ich bitt aber die Caluinische Concipisten freundtlich/ sie wöllen mich berichten / wer die nachfolgende Carmina dem Hertzogen Johan Casimiro/ꝛc. zu Heidelberg/an sein Gemach geschrieben/vnd an die Kirchen angeklebt:

    O Casimire potens, seruos expelle Lutheri,
      Ense, rota, ponto, funibus, igne, neca.

*B.t.fa t.*
*B.t.fa.z.*
*B.z.fa.t z.*
*Ob Osiander wölle/daß man die Caluinische Lehrer würgen soll.*

J 2        Das

Abfertigung der Gegenwarnung/der

Das ist auff teutsch souil gesagt: O du mächtiger Herr/ Hertzog Casimir: treib die Knecht Doctor Luthers hinauß/ vnd würge sie/mit dem Schwert/mit dem Rad/mit Wasser/mit Stricken/vnd mit Fewr.ꝛc. Dises laß mir einer ein Christliche Caluinische Lieb vnd Bruderschafft sein? Wie dunckt dich Christlicher Leser/vm den sanfftmutigen Caluinischen Geist/wann jhm Gott gestatten würde/daß er die scharpffe Klawen (wie die erzürnete Katzen) erfür thun würde/daß er wol mit den armen Lutherischen Predicanten vmbgehn würde?

*B.i.fa.2.*
*Ob Osiander lies der sehe/daß die Spanier im Stiffte Cölln eyrannisirn/dann das den armen Christen daselbsten geholffen würde.*

Auch sagen sie: daß ich mit meinen Consorten im Stifft Cölln die blutdurstige Spanier vil lieber sehe toben/dann das den armen Christen/die deß Caluinismi halben verdächtig sind/geholffen vñ zugesprungen werden solt ꝛc. Mit disen worten thun dise Caluinische Concipisten mir vnd andern guten ehrlichen Leutten/Gewalt vnd vnrecht. Dann wölcher Christ kan one Betrübnuß seines Hertzens anhören/den mutwillen vnd blutdurstig wüten/so die Spanier bißher im Nlderland vnd im Stifft Cölln getriben? Ich zweiffel auch nicht daran/Gott werde es jhnen alles zu seiner zeit auff jhren Kopff vergelten. Diß aber ist nicht vngleublich/wann sich die Caluinisten nicht in das Cöllnisch Werck eingemenget: vnd mehr zu S. Petrus Schlüssel/ dann zu S. Paulus Schwerdt gerahten/es weren (one abbruch der reinen Religion) wol mittel zufinden gewesen/das die Spanier nicht in den Stifft Cöllen kommen: derselbig auch nicht so hart versteckt/so jemärlich verherget/vnnd so vbel darinnen gehauset worden were.

*B.i fa 2.*
*Ob Osiander schimpfflich von Christlicher Obrigkeit halte vnnd rede.*

Sie wollen mich deß Antichristischen Geists verdächtig machen/in dem sie fürgeben: daß ich gleicher gestalt/wie die Bäbst jederzeit gethan/von der Christlichen Obrigkeit/
die

die es mit mir nicht halt / schimpfflich zureden pflege / rc.
vnd daß darumb/ weil ich wider das Heidelbergisch Mandat
geschrieben. Vnnd verwerffen sie mein Protestation / als
nichtig/ quæ sit (ipsorum opinione) contraria facto. Zie=
hen mir auch hoch an / als ob ich Hertzogen Johann Casi=" B.3 fa4.
mir rc. für einen solchen albern Fürsten außgebe/ der nicht "
wisse/ vnd verstehe/ was er vnter S.F.G. Handtschrifft vnd "
Secret mandire/ vnd außgehn lasse. Item/ daß ich S.F.G. "
die Würde/ zu wölcher dieselbige von Gott dem Allmächti= "
gen/ nach den wolhergebrachtem Recht der Gülden Bull/ "
Pfältzischen vhralten Satzungen/ vñ mit allgemeinem Con= "
sens/ der gantzen Landschafft beruffen/ abspreche/ rc. will auff "
dises letzte am ersten antworten. Ich hab Hertzogen Johan
Casimiro / rc. sein Würde vnnd Administration deß Chur=
fürstenthumbs (wie jm selbige die güldene Bulla einraumbt)
nie abgesprochen. Daß aber jren F. G. dahin bißher gerah=
ten worden/ die andern Fürstlichen Mituormünder nicht ne=
ben sich zuleiden/ vnd ein solche beschwerliche Enderung der
Religion (wider Pfaltzgrauen Ludwigen/ Churfürsten se=
liger Gedächtnuß/ auffgericht vnd bestettiget Testament)
mit vertreibung reiner/ gelehrter/ vnsträfflicher Kirchendie=
ner/ fürzunemmen/ das kan nicht allein ich nicht loben/ son=
dern es loben auch ander Leut nicht/ die höhers Standts vñ
Verstandts sein/ dann ich bin. Vnd zweiffel nicht daran/ der
Allmächtig werde es an den jenigen/ zu seiner zeit ernstlich
straffen/ die hieran schuldig. Daß ich aber Hertzogen Jo=
han Casimirum/ rc. mit seiner Protestation entschuldiget/
vnd das Mandat nicht S.F.G. sondern den Caluinischen
vntrhawigen Concipisten zugemessen: dardurch seind S.F.
G. weder verkleinert / noch geschmächt. Dann es ist wol
mehren frommen/ vnd verstendigen grossen Herrn widerfah=
ren/ daß sie durch vntrewe Rädt beredet worden/ daß sie mit

J 3 jrem

Abfertigung der Gegenantwurtung/der jrem eigen vorwissen vñ bewilligen/vnter jrem Handzeich=
en vnd Secret etwas außgehn vnd publicirn lassen/dessen sie
hernach (waſt sie eines bessern berichtet worden) gerawen/
vnd gewöllt/ es were verbliben. Dann es kan ein Herr wol
ein eifer haben/recht zuthun/vnd kan dannoch verführt wer=
den/daß er solchen eifer nicht zur befürderung/sondern ver=
hinderung der rechten Religion anwende. Vnnd zweiffel
noch auff disen tag nicht/ Wann S.F.G.nicht solche gifft=
ige vnruhige vnnd verwegene Caluinisten (denen mit vn=
rhue vnd zerrüttung der Kirchen vnd weltlicher Policey wol
ist) vmb sich hetten/ S.F.G. würden für jhr eigne Person/
vnd eigner bewegnuß/solche Sachen nicht fürgenommen
haben/oder noch beharren/zu wölchen S.F.G.bißher seind
angeführt/vnd gleichsam getriben worden.

C 1.fa.2
Wölcher gestalt
Osiander beden=
ckens gehabt/zu
Cölln in der Stat
zupredigen.

Die Concipisten geben mir auch ein Scorpion stich/da
sie sagen: daß Doctor Osiander etlichen hohen vnnd vor=
nemen Personen/die one gefahr vor anderthalb Jharen von
jhm in der Statt Cölln ein Predig zuhören begerten/zur
antwort gegeben/ daß er dessen in seiner Instruction kein
Befelch hette.ꝛc. Die sachen aber seind also geschaffen ge=
wesen. Als ich zur selbigen zeit von meinem gnädigen Für=
sten vnnd Herrn/ Herrn Ludwigen Hertzogen zu Würten=
berg ꝛc. neben andern S.F.G. Gesandten/gen Bonn zu
dem Churfürsten vnd Ertzbischoffen zu Cölln/ Herrn Geb=
harten ꝛc.abgefertigt worden: hab damaln gegen S.Churf.
G. ich mich/in beysein gemeldter Gesandten/vnterthänigst
erbotten/ S.Churf.G.etliche Wochen zu Bonn zupredi=
gen/vnd einen anfang zu einer Christlichen Religion helffen
zumachen: Wie ich mich auch darzu mit allerley notwendi=
gen Sachen verfaßt gemacht/ vnnd gäntzlich bedacht vnnd
ent=

### Heidelberg. Calum. Predicanten.

entschlossen gewesen / etliche Wochen drunden zubleiben / biß S. Churf. G. andere Kirchendiener zur hand brechten / wölche das werck continuirten. Nachdem ich aber zu Bonn vmb kein Predig angesprochen worden: vnd ich mit den andern Gesandten in gar wenig tagen gen Cölln verrucken müssen: hat mich alda ein hohe Person angesprochen / in irer Herberg zu Cölln ein Predig zuthun. Dieweil ich aber gewußt / daß die Euangelische Burgerschafft gegen einem Rhat daselbsten / vnd der Rhat gegen der Burgerschafft / nicht wenig erbittert gewesen / vnnd vnlang daruor etliche Bürger (allein darumb / daß sie zu Cölln in einem Hause ein Predig gehört) fencklich eingezogen / vnd schwärlich widerumb waren außgebetten worden: Mir auch nicht zweiffelte / da ich zupredigen bewilligt / vnnd solches vnter die Burgerschafft keme / es würde ein grossen zulauff geben: Ich aber damaln / zu Cölln zupredigen keinen ordenlichen Beruff gehabt (daß der Herr / wölcher es an mich begerte / nicht mein Herr war / vnd mir hierinn nichts hette zubefehlen oder auffzulegen) hab ich zur antwort gegeben: Es sehe mich dißmals auß allerhand vrsachen nicht für rhatsam an. Darzu hette ich dessen von meinem gnädigen Fürsten vnnd Herrn / Hertzog Ludwigen zu Württenberg ꝛc. keinen befelch / daß ich in der Statt Cölln / sondern / daß ich zu Bonn predigen solte / wann es durch Hochgedachten Churfürsten vnnd Ertzbischoffen / Herrn Gebharten ꝛc. von mir begert würde. Dises hab ich aber dabey dem Herrn / der die Predig an mich begert / angezeigt: Wann mein gnädiger Fürst vnnd Herr / der Hertzog zu Württenberg zu Cölln were / vnnd mich allda predigen hiesse / so wolt ich es thun. Dann alßdann hette ich ein ordenlichen Beruff / von meiner Obrigkeit. Versihe mich derwegen / Ich hab hierinn

nichts

Abfertigung der Gegenwartigung/der nichts verweißlichs gehandelt. Daß aber die Caluinisten sich hin vnd wider eintringen/auffstehn vnd Predigen/da sie keinen ordentlichen Beruff haben/das laß ich sie verantworten.

*B. fa. 2. Ob Osiander nicht die wort der Einsatzüg/ sondern die Allenthalbenheit zum grunde der Gegenwertigkeit des Leibs vñ Bluts Christi im H. Abetmal setze.*

Sie schreiben auch von mir also: Wie wenig auch Osiander halte von den worten der Einsatzung/ist auß dem wol abzunemen/dz er dieselbige nicht zum rechten grund der Gegenwart Christi/im H. Abentmal setzet: sonder die Persönliche Vereinigung vnd Allenthalbenheit deß Leibs Christi/ der vorhin auch ausser der Action deß heiligen Abentmals im Brot/vnd in allen Creaturen sey: menget also gar vntröstlich vnd vnbescheiden/ die Allgemeine Gegenwart Gottes/ der den Teuffeln selbst/ nach art seiner gerechten Hand/gegenwertig/ mit der Gnaden gegenwart/ vnd gemeinschaffe Christi mit seinen Gliedmassen/ die im H. Abentmal bezeuget würdt. Dise offentliche Lügen auffzubawen/ haben sie droben ettliche Bldtter zuuor nachuolgende verkherung meiner wort/ zu einem Fundament gelegt/da sie sagen: Osiander hab in seinen zweien Predigen geschrieben: Wer kein andern Grundt hette/als die wort der Einsatzung/vnd nicht glaubte/der Leib Christi were zuuor im Brot/wie auch allenthalben/der möchte vber nacht Zwinglisch/vnd ein Sacramentirer werden. Dise wort haben die Caluinische Concipisten/ mit einer besondern groben Schrifft gesetzt/ also/ daß der Leser vermeindt/ sie stehn allerdings also in meinen Predigen/ so ich vom Abentmal Christi /in den Truck (Anno 77.) verfertiget. Ich beger aber von jnen/daß sie mir dise wort in meinen Predigen also zeigen/wie sie dieselben erzölen. Aber es seind solche Leut/die nicht ein Warheit (vnuerfälscht) vber ein Weg hinüber tragen können.

In meiner ersten Predig vom Nachtmal/hab ich (zum grundt vnserer Sachen wider die Caluinisten) gleich im anfang erzölet die wort der Einsatzung/ von wort zu wort/wie selbige

selbige von den Euangelisten Mattheo/Marco/Luca/vnnd dem Apostel Paulo beschriben. Darauff folgen bald dise/ meine wort: Derwegen ist auß der Stifftung Christi lautter vnd offenbar/daß er vns im heiligen Nachtmal mit dem Brot/sein wahrhafftigen Leib zuessen/vnd mit dem Wein/sein warhafftiges Blut zutrincken/verordnet/verheissen/vnd gestifftet hat. Vnd das er vns solche Speise vnd Tranck/biß ans end der Welt geben wölle. Sonsten köndten wir das heilig Abendtmal nicht nach seinem Befelch halten vnnd empfangen. Vnd vber zwey Blat hernach hab ich also geschriben: Also glauben wir auch die Gegenwertigkeit deß Leibs vñ Bluts Christi/dieweil es der ewig Sohn Gottes/wahrer Gott vnd Mensch/Jesus Christus geredt hat. Dann er ist wahrhafftig vnd vil weiser/dann wir. Vnd soll billich das Geschöpff nicht vber seinen Schöpffer sein/ vnd besser wissen wöllen/was er vermög/oder nicht vermöge/dann er selbst.

A. 4 fa. 2.

B. 2. fa. 2.

In meiner andern Predig stehn dise meine wort: Wann ein einfeltiger Lay einem Zwinglianer allein die Wort Christi: das ist mein Leib: fürhalten will/vnnd sich jetztgemeldte einred eines Zwinglianers/in seinem gewissen nichts irren lassen/vnd will jhm auff sein vermeindte beweisung gar kein antwort geben/so hat es zwar ein richtigen weg/in disem Stuck. Vnd ist auch nicht vonnöten/daß ein jeglicher Lay mit einem Zwinglianer vil disputire.

E. 4. fa 2

Dise meine wort zeugen ja lauter vnd klar/daß ich in dem Handel vom heiligen Nachtmal die Leut auff die Einsaßung Christi weise. Vnd darauff tringe/das man den worten

K

Abfertigung der Gegenwarnung / der
ten der Einsatzung vestiglich glauben soll / als die der Allmächtig Sohn Gottes geredt hat: vnd daß ich darfür halte / das ich allein die wort Christi (das ist mein Leib/ꝛc. das ist mein Blut) für gnugsam halte / daß ein gutherziger Christ bey dem rechten Glauben vom heiligen Abendtmal bleiben vnnd verharren könne.

Dieweil aber die Zwinglianer / sich an den worten Christi / wölche lautter gnug sein / nicht benügen lassen: sondern disputirn wider die selbige / vnd geben für / es könne ein warer Leib nicht zumal an zweyen orten sein: Vnd man zu beyden theilen bekennet / daß Christus gen Himel gefahren / vnd daß in haltung des heiligen Abendtmals / Christus nicht auff vnd ab / hin vnd wider fahr: so ist von nöten / daß zu widerlegung deß Zwinglischen vermeindten Arguments / wir glauben / Christus sey auch zuuor bey vns auff Erden gegenwertig: nach seiner gnädigen verheissung / die er der Christlichen Kirchen gethan / da er gesagt: Sihe / ich bin bey euch alle tag biß ans end der Welt. Darumb hab ich in meiner andern Predig also geschrieben: Dann / ist er (Christus) nicht zuuor da / fehret auch nicht herab vom Himel: was wirdt dann weiters im heiligen Nachtmal Christi bleiben / dann allein Brot vñ Wein / one den Leib vnd Blut Christi? Dises sollen gutherzige Christen (vñ sonderlich die Kirchendiener / denen gebürt / die rein Lehr wider die falschen Lehrer eiferig zuuerthädigen) wol erwegen. Dañ lassen sie Christum nit zuuor mit seiner heiligen Menscheit / allenthalben gegenwertig sein / vnnd wöllen jne dannoch nicht (auff Bäpstische weise) auff vnd ab / hin vñ wider fahren lassen / so mögen sie vber Nacht / on jr wissen / vnd ehe sie es selbs mercken / Zwinglisch werden / vnnd können sich desselbigen Jrrthumbs nicht lang erwöhren.

Matth.28.

Wie

Wie stimmen aber dise meine wort mit der Caluinisten worten/ die sie mir mit vnwarheit zumessen? Nämlich/ daß ich in meinen zweyen Predigen soll geschriben haben/ wer keinen andern grund hette/ als die wort der Einsatzung/ vñ nicht glaubte/ der Leib were zuuor im Brot/ wie auch allethalben/ der möchte vber Nacht Zwinglisch vnd zum Sacramentirer werden. Dises aber ist der Caluinischen Scribenten gewonheit/ daß sie wunder selten einem sein wort redlich/ vnuerfälscht/ vnuerkert/ vnuersetzt/ vngestümmelt/ one jren zusatz/ vñ in der meinung/ wie er sie geredt/ oder geschriben/ erzelen: sonder ziehen (mutwilliger vnd fürsetzlicher weise) jrem gegentheil seine wort also verkert an/ daß sie gar ein andern Verstand mit sich bringen/ dañ der Buchstab an sich selbsten gibt/ vnd der contextus totius Orationis leidet: Von wölcher teuffelischer Boßheit droben in diser meiner Antwort auch nach notturfft meldung beschehen. Derwegen kein Christ daran zweifflen soll/ daß der leidig Teuffel dise Leut reitet/ vñ sie dermassen eingenoñen/ daß sie kein warheit reden können/ wann sie auch gleich nun anderer Leut wort auß getruckten Büchern/ nachsagen oder nachschreiben sollen.

Endtlich beschliessen sie jr vntrewe vnwarhaffte Gegenwarnung mit disen worten: Gott aber ist zubitten/ daß er dem D. Osiandro (der on zweiffel von den sanfften rhüwigen jagen vñ grosser Authoritet vñ Prœeminentz/ die er vber die 20. Jar zu Hofe gehabt/ etwas geil vñ frech worden) ein Christliche sanfftmut vnd bescheidenheit wölle verleihen/ damit er seinen Beruff zu Stutgarten/ mit welchem er gnug zuthun vnd zu warnen hat/ in friden außwarte/ vnnd dem MOREN dem Sohn Jemini/ der den frommen Fürsten Dauid verlöstert hat/ wie er klagt ich sibenden Psalm/ nicht

*H.i fa.2. Wölcher gestalt die Caluinisten mit gifftigem Schlangenstich/ wider Osiandrum/ jhr Gegenwarnung beschliessen.*

ehnlich

Abfertigung der Gegenwarnung / der

„ ehnlich werde / sondern seine zunge für bösem behüten / seine
„ lippen / daß sie nicht falsch reden vnd dem friden nach JA-
„ GEN wölle / Amen.

Auff disen jren gantz Christlichen / sanfftmütigen vnnd
bescheidenlichen Caluinischen Schlangenstich gib ich den
Concipisten dise Antwort. Ich danck dem Allmächtigen
trewen Gott / der mich in friden vnd rhue / one eusserliche ver-
folgung / gleichwol nicht one Creutz / bißdaher in Kirchendienst nunmehr in die neun vnd zweintzig Jahr im löblichen
Fürstenthumb Wirttenberg erhalten: in wölchem ich jetz
sechzehen (vnd nicht 20.) Jahr lang vnwürdiger Hofpredi-
ger bin: da ich dann abermal meinem lieben Gott zudancken hab / der mir ein Christliche Obrigkeit gegeben / wölche
sich jederzeit auß Gottes Wort / vor allerley Ketzereyen / vnd
allem gottlosen Wesen / gern warnen lassen / vnd solchen
Warnungen trewlich gefolget: Wie auch Hochgedachter mein Gnädiger Fürst vnnd Herr sich die gantze zeit vber /
so gnädig vnnd gütig gegen mir erzeigt / daß ich billich S.
F. G. nicht nur für meinen Landsfürsten vnnd Herrn / sondern für meinen Vattern halte. Inmassen dann auch S. F.
G. gegen meinen Collegis vnnd andern trewen Kirchendienern gantz gnädig gesinnet.

Was meine rhuwige tag anlanget / danck ich Gott / der
mir bißher Stercke vnnd Krässten verlihen / daß ich meinem
Beruff vnnd Geschäfften abwarten können: halte aber
dannoch darfür / wann diser Zwinglischer Concipisten einer /
in seinem Beruff ettliche vil Jahr / souil zuthun gehabt / er
würde villeicht es nicht für ein so rhuwig Wesen achten.

Ob ich mich einer Præeminentz vnd grosser Authoritet
anmasse / mag ich leiden / daß alle meine Collegæ, so neben
mir jemals gewesen / oder noch im Kirchendienst in dem gantzen löblichen Fürstenthumb Wirttenberg sein / darüber gehört

*Osiandri dienst zu Hofe.*

*Osiandri rhuwige tag.*

*Osiandri Præ-minentz vnd Authoritet.*

### Heidelberg. Calvin. Predicanten.

hört werde. Verhoff ich/sie werden mir Kundschafft geben/
daß ich mich (on rhum zumelden) als ein Bruder gegē jnen
erzeigt/vnd kein Superioritet jemaln vber sie gesucht habe.

Daß ich aber auß gutherzigem eifer / mich bißher wider
die Caluinisten/die anderstwo/ vnnd in der Churfürstlichen
Pfalz mercklichen schaden thun/gesetzt habe/das ist ein notturfft gewesen. Dann die Christliche Kirch ist ein Corpus
vnd ein geistlicher Leib/an wölchem Christus das Haupt ist.
Darumb wann selbige an einem ort (es sey ferne oder nahe/
vber vil oder wenig meil wegs) durch falsche Lehrer ange-
griffen/ vnnd vergifftet werden will/so seind andere Glieder
(sonderlich die Kirchendiener) schuldig zuwehren vnd zuret-
ten. Dann sonsten frisset die falsche Lehr vmb sich/als der
Krebs/wie Paulus sagt. So ist es auch gebräuchlich/ vñ ein
hohe notturfft/wo ein Feur auffgehet/wölches man ersehen
oder spüren kan/ daß man auch vber ettliche meil wegs zu-
laufft/vñ wehret: wie man dañ solchen Christlichē dienst auß
brüderlicher liebe einander zuleisten schuldig: Weil dann die
Zwinglische Predicanten in der Churf. Pfalz/das schädlich
verderblich Feur des Caluinismi (wölches ettliche jar gele-
schet gewesen) widerumb auffgeblasen vnd angezündet/ vnd
(durch das von jnen erpracticirt Mandat) den Christlichen
Predigern in der Churf. Pfalz mit gewalt verbieten wöllen/
daß sie solch Feur nit beschreien/ noch demselbigen wehren
sollen: sondern diejenigen/ so gern das beste theten/auß den
Stätten vñ Dörffern hinauß jagē: So ist es ein notturfft/
vñ gar kein πλυπραγμοσύνη oder fürwitz/ daß genachbaurte
Theologi/durch getrewe Christliche warnung/disem schädlichen Feur zulauffen/vñ selbigen wehren/so vil müglich/ vñ
jnen Ampts halben gebüret: vnd sich nit daran keren/ daß die
Caluinische Predicanten/wölche solch Feur eingelegt/ vber
die/ so es zu löschen begern/vbel zufriden sein.

*Ob Osiander/ on
not/vnd auß für-
witz/sich der
Pfälzischen Kir-
chen sachen ange-
nommen.*

Daß

## Abfertigung der Gegenwarnung/der

*Ob Osiander fromm Fürsten verlöstere.*

Daß sie mich auch gern dem MOREN/ dem Son Jemini/ der den frommen Fürsten David verlöstert hat/ vergleichen wolten: hab ich mich droben mit gutem grunde entschüldiget/daß ich fromme Fürsten weder löster noch schmehe. Wann aber die Caluinisten sich nach MOREN vmbsehen/wölche nit candidi vnd weisse Engel/ noch trewe Gottes Diener seind: werden sie die schwartzen Moren/wölche mit Lügen/Calumnirn vnd Löstern/den schwartzen Engeln gantz ehnlich worden/vnter jhnen in guter anzal finden. Vnd da jnen allen jhr ewigs Heil vnd Seligkeit angelegen/ were es grosse zeit/daß sie nunmehr jhr Zunge vor bösen behüteten/vnd jre Lippen/ daß sie nicht falsch redeten/ vnnd so vnuerschämbt lögen : Sondern nach einem Christlichen Gottgefelligen/ vnnd nicht geferbtem löcherichten Friden/ trachteten/vnd demselbigen nachjagten.

*Wölcher gestalt Osiander ein Jäger sey.*

Sie haben aber mit sonderm fleiß/in jhrer Schrifft/ das wörtlin (Jagen) mit grossen Buchstaben geschrieben/ vnd mir damit/zum Valete (auß Caluinischer bescheidenheit vn sanfftmut) ein stich geben wöllen/dieweil sie vorlangst erfahren/daß mein Gnädiger Fürst vn Herr/Herr Ludwig/ Hertzog zu Würtenberg/rc. mich in disen sechzehen jaren/ ettlich mal (wann ich one das/ mit S. F. G. als ein Hoffprediger gereiset) mit hinauß auffs Jagen genoinen/ waß jhre F. G. darfür gnädig gehalten/daß ich ettwo in ettlichen Wochen/ ein tag mir selbst solte (von vilfältigem lesen vnd schreiben) rhuwe lassen/vnnd mich recreirn: für wölche Fürstliche fürsorg/ S. F. G. ich billich vnterthänig zudancken. Ich hab aber kein Hirsche/ oder Saw/ Fuchsen oder Hasen/ nie geschossen oder gefangen/ sondern allein zugesehen. Dannoch muß ich diser leut Jäger sein. Ich will aber vermittelst Göttlicher Gnaden/durch diser Leut boßhafftig Calumniern (da

sie

### Heidelberg. Caluin. Predicanten. 77

sie mich so genaw suchen / daß sie mir auch das Orgelschlahen fürwerffen) mich nicht abschrecken lassen/ die grobe Säw/Bachen/Keiler/vnd Frischling/sampt den Dachsen/ Füchsen/vñ Hasen/wölche in dem Acker/ Wisen vñ Weinberg deß HERrn mit wühlen/ verwüsten/ fressen/ graben/ junge Ruten abhawen/vnd in ander weg vilfältigen grossen schaden thun/mit den geistlichen Waffen Göttliches Worts zufahen/vnd jnen zuwöhren/ souil mir der Allmächtig/ biß an mein selig end Gnad verleihen würdt/ Amen.

Also hastu Christlicher lieber Leser/auß diser meiner gründtlichen Antwort (die ich doch auffs engst eingezogen) lauter zuuernemmen/ daß die Heidelbergische Caluinisten/vnd jhres gleichen/wider das helle vnnd klare Wort Christi (das ist mein Leib/das ist mein Blut) kein wahre Gegewertigkeit deß Leibs vnd Bluts Christi/ im heiligen Abentmal glauben: Sondern mit glatten worten den einfältigen Christen/das Maul schmieren/vnd mit verdrehten Reden (die auff Schrauben gestelt) rechte Gäucklerey treiben/vnd die Leut mutwillig vom rechten Hauptstritt abführen/ daß sie auch (wann sie von dem Stritt/so ober dem heiligen Nachtmal entstanden/ deßgleichen auch von weltlichen Personen oder Kirchendienern reden / vnnd jhre Schrifften anziehen) Lügen mit Wannen zutragen/ vnnd sich vnterstehen / die Leut mit sehenden Augen blind zumachen. Wie sie auch insonderheit gegen meiner Person/ mit Lügen vnnd verkherungen meiner wort/ jhr gifftig Hertz vberflüssig erkläret. Wer nun den lebdigen Teuffel/ bey seinen Klawen nicht kennen will/dem ist weder zuhaten noch zuhelffen. Wann einer in weltlichen Sachen fürsetzlich vnnd wissentlich einem/zwey/drey/

oder

oder viermal ein grobe Vnwarheit sagte/ so würde man auff einen so leichtfertigen Menschen nichts mehr halten/ noch jm ferner glauben. Wieuil mehr ist den Caluinischen Scribenten/ wölche ein Lügen vnd Calumnien (mutwilliger/ fürsetzlicher weise/ vnd wider jr eigen Gewissen) an die ander knüpffen/ nichts guts zutrawen/ noch zuglauben? als die langst ob keiner Vnwarheit/ darinn sie offentlich ergriffen/ schamrot werden. Darumb laß sich vor disem Zwinglischen verlognen Geist warnen/ wem Gottes Ehre/ vnd sein Seligkeit ernstlich angelegen ist. Wer sich aber nicht will warnen lassen/ sondern mit disen vnuerschämbten Leuten/ der Höllen Spornstreichs zurennen will/ den muß man befehlen/ dem gerechten Gericht Gottes. Der wölle die/ so noch zubekheren sein/ wider vmbwenden/ vnd bekeren/ den andern aber/ wöhren/ vnd sie zuschanden machen/ Amen.

## ENDE.